AF809405

HSI (Hrsg.)

150 Jahre Hugo Sinzheimer

Tagungsband zur Jubiläumsveranstaltung am 11. April 2025

HSI
Hugo Sinzheimer Institut
für Arbeits- und Sozialrecht

Das HSI ist ein Institut
der Hans-Böckler-Stiftung

Band 60
HSI-Schriftenreihe

150 Jahre Hugo Sinzheimer

Tagungsband zur Jubiläumsveranstaltung am 11. April 2025

HSI (Hrsg.)

BUND
VERLAG

Bibliografische Information der Deutschen Nationalbibliothek
Die Deutsche Nationalbibliothek verzeichnet diese Publikation
in der Deutschen Nationalbibliografie; detaillierte bibliografische Daten
sind im Internet über http://dnb.d-nb.de abrufbar.

Umschlaggestaltung: A&B one Kommunikationsagentur GmbH, Berlin
Satz: Reemers Publishing Services GmbH, Krefeld
Druck: Druckerei C.H. Beck, Bergerstraße 3, 86720 Nördlingen

ISBN 978-3-7663-7652-7

kontakt@bund-verlag.de
www.bund-verlag.de

Inhalt

Einleitung

Dr. Ernesto Klengel, wissenschaftlicher Direktor des Hugo Sinzheimer Instituts für Arbeits- und Sozialrecht der Hans-Böckler-Stiftung

Es mag wenig überraschen, wenn ein Institut seinen Namensgeber zu dessen rundem Geburtstag ehrt. An Hugo Sinzheimer aber müsste auch dann erinnert werden, wenn das Institut beispielsweise „FIAS – Frankfurter Institut für Arbeits- und Sozialrecht“ getauft worden wäre. Denn Hugo Sinzheimer war nicht nur Architekt, Pionier oder Vater des Arbeitsrechts. Das Besondere an diesem Juristen war, dass er immer den Menschen in den Mittelpunkt seines wissenschaftlichen Werkes gestellt hat, nicht als isolierte Rechtsperson, sondern als gesellschaftliches Wesen mit Fähigkeiten wie Kreativität, Produktivität und mit Bedürfnissen, die die Erwerbsarbeit zu seiner Lebensgrundlage machen. Daraus entstehen Verletzlichkeiten, aber auch Solidarität und Kampfkraft.

Den Menschen ins Zentrum der Rechtswissenschaft zu rücken ist ein Ansatz, der in Zeiten der Digitalisierung der Arbeitswelt und „künstlicher Intelligenz“ eine ganz neue Bedeutungsdimension erhält. In Hugo Sinzheimers Werk und in seiner Biografie existieren ganz unterschiedliche Aspekte, die uns heute inspirieren und an unsere Verantwortung erinnern. Diesen verschiedenen Aspekten seines Wirkens war die Festveranstaltung anlässlich des 150. Geburtstags von Hugo Sinzheimer gewidmet, welche das HSI am 11. April 2025 zusammen mit der IG Metall ausgerichtet hat. Der vorliegende Tagungsband dokumentiert die Festveranstaltung. Nicht alle Programmbeteiligten sind mit einem verschriftlichten Beitrag vertreten. Dies ist dem Umstand geschuldet, dass sich manche Wort- und Diskussionsbeiträge nicht für eine Verschriftlichung eignen. Zwei der hier versammelten Texte sind zudem in ihrer Originalsprache, auf Englisch, abgedruckt.

1. Eindrücke der Festveranstaltung zum 150. Geburtstag Hugo Sinzheimers

Dass die Veranstaltung ein Ort des Austausches von Wissenschaft und Praxis, des Gedächtnisses und des Blickes nach vorne war, verdeutlichen nicht nur die Vortragenden und ihre unterschiedlichen Beiträge, sondern auch die Vielzahl der Gäste. Unter ihnen waren Repräsentanten aus Gewerkschaften und Betrieben. Wir danken dem Richter am Bundesverfassungsgericht, Martin Eifert, für sein Kommen, ebenso wie der Präsidentin des Bundesarbeitsgerichts, Inken Gallner, sowie den Richter*innen, Rechtswissenschaftler*innen und Persönlichkeiten aus Politik und Gewerkschaften. Die Geschäftsführenden Vorstandsmitglieder der IG Metall haben durch ihre Teilnahme den Stellenwert zum Ausdruck gebracht, den sie Hugo Sinzheimer beimessen. Ganz besonders hat uns gefreut, dass Nachfahren Hugo Sinzheimers aus den USA und den Niederlanden den Weg nach Frankfurt gefunden haben. Drei Generationen der Familie haben uns nicht nur mit ihrer Anwesenheit geehrt, sondern auch mit ihrem Interesse an ihrem prominenten Vorfahren, über den die Angehörigen des Instituts mit ihnen am Vorabend der Festveranstaltung bei einem gemeinsamen Besuch des Jüdischen Museums ins Gespräch kommen durften.

Das Programm der Festveranstaltung war reich an Höhepunkten. Der neu produzierte Dokumentarfilm über Hugo Sinzheimer feierte Premiere. Die Geschäftsführerin der Hans-Böckler-Stiftung, Claudia Bogedan, eröffnete die Tagung außerordentlich wertschätzend. Der Oberbürgermeister Frankfurts, Mike Josef, und die Geschäftsführende Direktorin des Max-Planck-Instituts für Rechtsgeschichte und Rechtstheorie, Marietta Auer, beleuchteten in ihren Grußworten unterschiedliche Aspekte des Wirkens von Hugo Sinzheimer als Bürger Frankfurts und als Wissenschaftler. Die Erste Vorsitzende der IG Metall, Christiane Benner, blickte zurück auf die Leistungen von Hugo Sinzheimer für die Gewerkschaften und insbesondere den Deutschen Metallarbeiterverband, aber auch auf den Beitrag der Gewerkschaften zur Förderung des Gedenkens an Sinzheimer. Ihre Worte werden lange im Gedächtnis bleiben. Auf dem anschließenden Podium stellten die mit der wissenschaftlichen Aufarbeitung befassten Wissenschaftler*innen den von der IG Metall erworbenen Nachlass Hugo Sinzheimers dar: Das Archiv der sozialen Demokratie hat das Kunststück vollbracht, den Nachlass in kurzer Zeit zu digitalisieren und der Forschung zugänglich zu machen. Anja Kruke, die Leiterin des Archivs, zeigte auf, wie leicht zugänglich die Materialien des Nachlasses nun sind. Martin Otto, der wertvolle Unterstützung beim Erwerb des Nachlasses geleistet hat, ordnete die Gegenstände erstmals rechtshistorisch ein.

Das so inspirierte Auditorium wurde von Daniel Ulber ins Hier und Jetzt geholt, indem er in einem eindrucksvollen Vortrag der Frage nachging, was Sinzheimer uns heute zu sagen hätte. Ulber schlug in seinem Beitrag eine Brücke zu den aktuellen rechtswissenschaftlichen Debatten um höchstrichterliche Entscheidungen, insbesondere zur Entscheidung des BVerfG über Nachtarbeitszuschläge. Die Teilnehmenden der abschließenden Podiumsdiskussion richteten die Blicke über die Grenzen Deutschlands und zeigten Aspekte der internationalen Bedeutung des Wirkens Hugo Sinzheimers auf: Johanna Wenckebach sprach mit Ruth Dukes für das UK, Kenji Takahashi für Japan und Leticia Vita für Argentinien. Einen maßgeblichen Beitrag zum Verlauf der Tagung leisteten Amélie Sutterer-Kipping, die mit ihrer Moderation gekonnt durch das Programm führte, und Pascal Annerfelt, bei dem alle Fäden für die

Vorbereitung und Durchführung der Festveranstaltung zusammen liefen. Ein großer Dank gebührt auch Michael Kittner und Thomas Klebe für ihre wertvolle Unterstützung bei der konzeptionellen Vorbereitung der Veranstaltung.

2. Das Erinnern an Hugo Sinzheimer im Kontext der Fachgeschichte des Arbeits- und Sozialrechts

„Das Arbeitsrecht", schrieb Sinzheimer schlicht, „ist das Recht der arbeitenden Menschen." Mit diesem Kompass spürte Sinzheimer den Grundlagen des Arbeitsrechts nach, die er in den verschiedenen Formen kollektiver Regelung fand. Indem Sinzheimer diese Wurzeln freilegte und die Koalitionsfreiheit und Tarifautonomie als kollektive Freiheitsrechte begriff, zeichnete er die Grundprinzipien einer Arbeits- und Sozialordnung nach, die bis heute Bestand haben. Auch methodisch beschritt er neue Wege, indem er das Recht aus der Rechtswirklichkeit ableitete – und nicht andersherum. Sinzheimer verstand das Recht als soziale Wissenschaft. Er analysierte nicht nur das Normengefüge, sondern die tatsächlichen Umstände, die das Recht prägen und die es verändern kann. Sinzheimer blieb also nicht im wissenschaftlichen Elfenbeinturm. Er ist daher einer der großen deutschen rechtswissenschaftlichen und politischen Vordenker des 19. Jahrhunderts.

Dass er diesen Status selbst in der Fachöffentlichkeit nicht in dem Maße einnimmt, wie es seiner Bedeutung entspricht, ist Teil jener Geschichte, der wir uns mit der Jubiläumveranstaltung stellen wollten. Die lange Zeit nur geringe Rezeption in der Arbeitsrechtswissenschaft ist nicht nur einfach eine bedauerliche Gegebenheit, die es zu ändern gilt, sondern eine historische Konsequenz des Nationalsozialismus. Dieser hat die Entwicklungslinie des Arbeitsrechts, die Sinzheimer begründet hatte, brutal unterbrochen. Die „furchtbaren Juristen" jener Zeit entwarfen ein Arbeitsrecht ohne Freiheit, ohne Kollektivität, ohne Humanität. Sinzheimers Schule wurde zerschlagen, ihre Vertreter*innen – viele von ihnen jüdisch, sozialdemokratisch, gewerkschaftsnah – vertrieben oder ermordet.

Nach 1945 fehlte eine lebendige Traditionslinie. Sinzheimer war am 16.9.1945, kurz nach dem Ende der nationalsozialistischen Herrschaft, verstorben. Viele Personen, die ihm nahe standen, kehrten nicht in das Land, aus dem sie fliehen mussten, zurück. Im Arbeitsrecht in West- wie in Ostdeutschland reüssierten andere Leitfiguren; ein Lehrstuhl, der sich ausdrücklich in der Sinzheimer-Tradition verstand, wurde an einer juristischen Fakultät nicht etabliert. Rechtswissenschaftler aus dem Umfeld Sinzheimers wie Otto Kahn-Freund, Wolfgang Abendroth, Franz L. Neumann oder Ernst Fraenkel blieben entweder im Ausland oder wurden auf politikwissenschaftliche Lehrstühle berufen. Da Rechtswissenschaft einen wichtigen Teil ihrer Argumente und Ideen aus Entstehungsgeschichte und aus Fachtraditionen bezieht, stellt diese Leerstelle einen prägenden Teil der Entwicklung der Arbeitsrechtswissenschaft in der Nachkriegszeit dar.

So blieb Sinzheimer lange ein Name für Eingeweihte. Dies zu ändern, nicht im Sinne eines Personenkults, sondern einer Offenlegung seines wissenschaftlichen Beitrags für das Recht, bedeutet auch, eine der Spätwirkungen des Nationalsozialismus in unserer Fachgeschichte zu reflektieren.

Es bedeutet auch, seine Methodik in der rechtswissenschaftlichen Arbeit ernst zu nehmen, die Phänomene der heutigen Arbeitswelt wie mobile Arbeitsformen, neuen Formen der Steuerung von Arbeit, von Künstlicher Intelligenz und Plattformarbeit fassbar macht. Dass diese Fragen heute mit einer großen Dringlichkeit gestellt werden, verleiht dem Rückblick auf Hugo Sinzheimer Gewicht.

Sinzheimers Werk ernst zu nehmen bedeutet zudem, zu erkennen, dass juristisches Denken offen, interdisziplinär und humanistisch sein kann. Es erinnert uns an die Verantwortung von Wissenschaft. Diese Haltung leitet uns in der empirischen Rechtsforschung ebenso wie in der Auseinandersetzung mit der Transformation von Arbeit, mit der Digitalisierung, mit der Tarifbindung oder der Zukunft betrieblicher Mitbestimmung. Sie spiegelt wider, dass arbeitsrechtliche Gestaltung seine Legitimation aus dem Schutz und der Gestaltung kollektiver Handlungsfähigkeit bezieht.

3. Aktivitäten des Hugo Sinzheimer Instituts

Das Hugo Sinzheimer Institut der Hans-Böckler-Stiftung steht im Sinzheimerschen Sinne für eine Verbindung von wissenschaftlicher Präzision, gesellschaftlicher Verantwortung, Humanität und der Überzeugung, dass Recht immer auch soziale Wirklichkeit gestalten muss. Das Werk Sinzheimers ist nicht museal, sondern ein Vermächtnis für die Gegenwart. Dazu gehört, seine Schriften zugänglich zu machen, seine Ideen weiterzudenken und sie in der aktuellen arbeits- und sozialrechtlichen Forschung und Lehre einzubringen. Zu diesem Zweck entfaltet das HSI über die Befassung mit seinem Werk im Rahmen der wissenschaftlichen Institutsarbeit hinaus zahlreiche Aktivitäten.

Das HSI verleiht in Zusammenarbeit mit der Goethe-Universität Frankfurt a.M. seit Jahren den Hugo Sinzheimer Preis für herausragende wissenschaftliche Arbeiten, die im Geist seines Denkens stehen. Die jährliche Sinzheimer-Vorlesung steht für den Dialog mit international renommierten Forschenden.

Die Angehörigen des Instituts stehen in freundschaftlichem Kontakt mit den vor allem in den USA und den Niederlanden lebenden Nachfahren Hugo Sinzheimers. Wir haben 2018 gemeinsam der Verfolgung von Paula und Hugo Sinzheimer und weiteren Angehörigen im Beisein von Nachkommen durch die Verlegung von Stolpersteinen am ehemaligen Wohnort in der Voelkerstraße 11 erinnert.

Auf der Jubiläumsveranstaltung am 11.4.2025 wurde eine Reihe von neuen Initiativen vorgestellt, die das Hugo Sinzheimer Institut im Jubiläumsjahr 2025 verfolgt:

Zum Auftakt des Sinzheimer-Jahres sind wir in die Niederlande gereist und haben das neu gestaltete Grab, in dem Hugo Sinzheimer beerdigt wurde, eröffnet. Der Künstler Juriaan van Hall hat eine Büste von Hugo Sinzheimer gestaltet, die dort zu sehen ist. Das Grab kommt seitdem auch in Reiseführern vor. Es bietet sich an, den Besuch des Friedhofs mit einem Spaziergang am Meer, auf den Spuren Sinzheimers, zu verbinden und im Anschluss in das Café Bartje Bloemendaal einzukehren, in dem auch Paula und Hugo öfters gesessen haben.

Im Jubiläumsjahr wurden Interviews gegeben, Artikel verfasst und angeregt, Podcasts und sogar ein Dokumentarfilm produziert, der für die Bildungsarbeit genutzt werden kann. All dies ist mit Unterstützung der Öffentlichkeitsarbeit der Hans-Böckler-Stiftung gelungen, wofür wir herzlich danken. Das Hugo Sinzheimer Institut hat sich so zum Kristallisationspunkt für das Interesse an der Person Sinzheimer entwickelt.

Alle, die sich vertieft mit dem Werk Sinzheimers befassen, wissen, dass seine Schriften nur noch antiquarisch erhältlich sind. Wir arbeiten daran, Sinzheimers bereits veröffentlichte Schriften digital zugänglich zu machen, als offener Zugang für Forschung und Lehre. Mit der Übersetzung von Ruth Dukes' „The Labour Constitution" wollen wir den internationalen Anschluss an eine zeitgemäße Sinzheimer-Rezeption fördern.

Allem voran widmet sich das Hugo Sinzheimer Institut intensiv dem Nachlass Sinzheimers. Es ist ein Glücksfall, dass die IG Metall 2024 wichtige Nachlassgegenstände erworben und der wissenschaftlichen Forschung zur Verfügung stellt. Wir freuen uns, dass das Jüdische Museum Frankfurt a.M. Interesse an der Person Sinzheimers und einigen Gegenständen aus dem Nachlass hat. Die Briefe und Vorlesungsskizzen und Dokumente aus dem Nachlass wurden vom

Archiv der sozialen Demokratie in Bonn archiviert und digitalisiert. Sie können nun frei aufgerufen werden und stehen Forschungsarbeiten zur Verfügung. Ich möchte mich an dieser Stelle noch einmal sehr bei Anja Kruke, der Leiterin des Archivs, sowie ihrem engagierten Team bedanken.

Eine erste Erschließung der Dokumente wird Martin Otto leisten. Wir hoffen, dass daraus neue Einblicke in Sinzheimers Biografie, seinen Austausch mit seinen Schülern und sein Denken entstehen – und dass dieser Nachlass zum Ausgangspunkt weiterer Forschungen wird. Unser Ziel ist es, die Sinzheimer-Forschung zu bündeln und den Zugang für alle Interessierten zu öffnen.

Den Abschluss des Sinzheimer-Jahres 2025 werden wir gemeinsam mit dem Max-Planck-Institut für Rechtsgeschichte und Rechtstheorie und der Frankfurt University of Applied Sciences setzen. Unsere gemeinsame Jahrestagung zur Arbeitsrechtsgeschichte widmet sich der internationalen Wirkung Hugo Sinzheimers auf das Arbeits- und Sozialrecht, aber auch seinem Beitrag bei der Entwicklung von Konzepten wie der Wirtschaftsdemokratie – beispielhaft in den Niederlanden, Großbritannien und in Italien bis hin nach Japan.

Das Jubiläum zum 150. Geburtstag Hugo Sinzheimers ist für das HSI kein Schlusspunkt. Es bestärkt uns darin, seine Ideen, Methoden und Konzepte weiter zu erforschen, um mit ihnen die Rechtsfragen, die sich heute stellen, besser zu erkennen und sie im Sinne der Menschen zu bearbeiten. Die Frage „Was würde Sinzheimer heute sagen?“, wurde auf der Tagung vielfach gestellt, es lohnt sich, für die verschiedenen Antworten in den Beiträgen nachzulesen.

Autor*innen des Tagungsbandes (in der Reihenfolge ihrer Beiträge)

Dr. Ernesto Klengel
ist seit März 2024 wissenschaftlicher Direktor des Hugo Sinzheimer Instituts für Arbeits- und Sozialrecht der Hans-Böckler-Stiftung. Der promovierte Volljurist lehrt an der University of Labour und an der Europäischen Akademie der Arbeit in der Universität Frankfurt a.M. und ist außerdem ehrenamtlicher Richter am Bundesarbeitsgericht.

Mike Josef
ist seit Mai 2023 Oberbürgermeister der fünftgrößten Stadt Deutschlands: Frankfurt am Main. Zuvor war der Diplom-Politologe hauptamtlicher Stadtrat und Dezernent für Planen und Wohnen der Stadt Frankfurt a.M., seit September 2021 ist er auch für Sport zuständig. Derzeit ist er Dezernent für die Hauptverwaltung und den Sport.

Prof. Dr. Marietta Auer
ist seit 2020 Direktorin am Max-Planck-Institut für Rechtsgeschichte und Rechtstheorie in Frankfurt a.M. und Professorin für Privatrecht sowie Grundlagen des Rechts an der Justus-Liebig-Universität Gießen. Seit 2022 ist sie Honorarprofessorin an der Goethe-Universität Frankfurt a.M.

Christiane Benner
ist seit Oktober 2023 erste Vorsitzende der IG Metall. Die gelernte Fremdsprachenkorrespondentin und Diplom-Soziologin verantwortet die Bereiche Grundsatzfragen/Gesellschaftspolitik, Zielgruppen, Organisationspolitik, Betriebs- und Mitbestimmungspolitik sowie die interne Revision und das Justiziariat der IG Metall.

Prof. Dr. Daniel Ulber
ist seit Oktober 2024 Direktor der juristischen Abteilung des Instituts für Arbeitsrecht und Arbeitsbeziehungen in der Europäischen Union (IAAEU) an der Universität Trier. Zum Wintersemester 2016/2017 wurde er von der Universität Halle-Wittenberg zum ordentlichen Professor ernannt und hatte bis September 2024 den dortigen Lehrstuhl für Bürgerliches Recht, Unternehmensrecht und Arbeitsrecht inne.

Prof. Dr. Ruth Dukes
ist Professorin für Arbeitsrecht an der Universität Glasgow und Vizepräsidentin des Institute of Employment Rights. Sie ist außerdem Mitglied des Steering Commitee des Labour Law Research Network, des Adapt International Scientific Committee, des Projektausschusses der Jimmy Reid Foundation und des Redaktionsausschusses des Spanish Labour Law and Employment Relations Journal.

Prof. Dr. Leticia Vita
ist Professorin für Staatstheorie an der Universität Buenos Aires und Forscherin am CONICET (Nationaler Rat für wissenschaftliche und technologische Forschung Argentiniens). Sie ist außerdem Mitherausgeberin der Zeitschrift des Forschungsinstituts für Rechts- und Sozialforschung Ambrosio L. Gioja.

Prof. Dr. Kenji Takahashi
ist Professor für Arbeitsrecht (Japanisches Recht, EU-Recht und Deutsches Recht) an der Universität Rissho und Präsident der Japanisch-Deutschen Vereinigung für Arbeitsrecht sowie Mitglied des Präfekturrats von Kanagawa und Vorsitzender des Verwaltungsrats des Musashino City Employment Support Center for Persons with Disabilities.

Grußwort

Mike Josef, Oberbürgermeister von Frankfurt a.M.

Sehr geehrte Frau Bogedan,
sehr geehrte Frau Benner,

wir leben in Zeiten, in denen nichts mehr selbstverständlich ist. Die liberale Demokratie ist in der Mehrzahl der Länder in der Defensive, sogar innerhalb der Europäischen Union.

Autokratische Herrschaftsformen haben sich in vielen Staaten etabliert und scheinen dort so gefestigt zu sein wie nie zuvor. Wohin wir derzeit blicken, über den Großen Teich oder in den Osten Europas: Die Freiheit ist überall bedroht. Aber auch hierzulande sind die antidemokratischen Tendenzen mittlerweile so stark, dass sie die Verteidiger einer „wehrhaften Demokratie" auf den Plan rufen.

Oder wie Hugo Sinzheimer, der während der Weimarer Republik immer wieder eindringlich vor der Gefahr der Nazis warnte, es ausdrückte: „Demokratie ist keine Anweisung zum seligen Leben in Luftgebilden und eitlen Verheißungen. Denn Demokratie heißt Recht und Pflicht zur politischen Gestaltung." Oder wie wir es heute formulieren: Die Demokratie lebt vom Engagement seiner Bürgerinnen und Bürger.

Wir müssen uns immer wieder klarmachen, was es bedeutet und welchen ungeheuren Vorteil es hat, in einer Demokratie zu leben.

Die Veranstaltung heute bietet einen Anlass dafür. Denn Hugo Sinzheimer, der am 12. April 1875, vor 150 Jahren, in Worms geboren wurde, hat das Tarifvertragsrecht begründet. Es kann als Grundlage für den sozialen Frieden und der Mit-Gestaltung unserer Demokratie im Land nicht hoch genug eingeschätzt werden.

Die Tarifautonomie ist Bestandteil unserer Demokratie, in der es darum geht, die Teilnahme aller an gesellschaftlichen Gestaltungsprozessen zu ermöglichen. Recht wird dabei aus der Gesellschaft heraus geschaffen.

Denn wie Sinzheimer immer wieder betonte, kann der Staat nicht alles schaffen, sondern ist in einer Demokratie auf die Beteiligung angewiesen. Die soziale Selbstbestimmung war die durchgehende Linie im Denken von Hugo

Sinzheimer. Er hat es abgelehnt, die Demokratie alleine Parlamenten zu überlassen.

Für die soziale Selbstbestimmung ist nichts so elementar wie die Sicherung einer auskömmlichen Existenz durch einen gerechten Lohn für geleistete Arbeit. Hier geht es um die Lebensgrundlagen unserer Gesellschaft.

Und deshalb hat Sinzheimer immer wieder das gesellschaftliche Interesse an einen gerechten Lohn und der dafür notwendigen gewerkschaftlichen Tätigkeit formuliert.

Und genau darum bin ich als Oberbürgermeister auch ein ganz klarer Unterstützer der Tarifautonomie.

Sehr geehrte Damen und Herren,
Zu den Freiheitsrechten der demokratischen Verfassungen von 1919 und 1949 gehört ganz wesentlich die Koalitionsfreiheit, dass Recht sich in Gewerkschaften zusammenzutun, um gemeinsam seine wirtschaftlichen Interessen zu verfolgen. Unsere Demokratie ist von freien Gewerkschaften nicht zu trennen.

Sie handeln ohne Zutun des Staates Tarifverträge aus. Gewerkschaften und Arbeitgeberorganisationen verständigen sich – oft nach hartem Ringen wie wir gerade erlebt haben – auf Arbeitsbedingungen und gegenseitige Leistungen. Sie stellen einen Ausgleich her zwischen den oft gegensätzlichen Interessen von Arbeitern und Angestellten einerseits sowie Unternehmen und öffentlichen Arbeitgebern andererseits.

Die Stärkung der Arbeitsnehmerrechte ist Aufgabe der Gewerkschaften. Wenn grundlegende Arbeitnehmerrechte fehlen, kommt es zu menschenunwürdigen Situationen. Ganz aktuell beim rabiaten Abbau staatlicher Stellen, wie wir in den letzten Wochen in den USA unter Trump leider beobachten müssen.

Hugo Sinzheimer gilt als Vater des modernen Arbeitsrechts. Auf ihn geht die Rechtsverbindlichkeit der Tarifautonomie zurück, die in der Weimarer Verfassung verankert wurde. Heute findet sich in Artikel 9 des Grundgesetzes der Bundesrepublik Deutschland dieser Schutz wieder. Dort heißt es: „Das Recht, zur Wahrung und Förderung der Arbeits- und Wirtschaftsbedingungen Vereinigungen zu bilden, ist für jedermann und für alle Berufe gewährleistet."

Sinzheimer hat auch dafür gesorgt, dass die Sozialverpflichtung des Eigentums in die Verfassung der Weimarer Republik aufgenommen wurde. Von ihm stammt der Satz „Eigentum verpflichtet", der gleichlautend auch im Grundgesetz steht.

Dabei wird leider oft der zweite Satz übersehen, der aber ganz wesentlich für unsere Soziale Marktwirtschaft ist: „Sein Gebrauch soll zugleich dem Wohle der Allgemeinheit dienen."

Entscheidend ist das Wort „zugleich". Und ich meine, es wäre öfters angemessen, Wirtschaftsverbände auf dieses Wort „zugleich" hinzuweisen, damit sie die Grundlagen unserer Sozialen Marktwirtschaft nicht so gedankenlos in ihrem Sinne verdrängen.

Dass Hugo Sinzheimer im politischen Bewusstsein kaum eine Rolle spielt, ist bedauerlich. Daher bin ich dem Hugo Sinzheimer Institut für Arbeits- und Sozialrecht dankbar, dass es die Erinnerung an diesen bedeutenden Juristen und Politiker wachhält.

Und wir hier in Frankfurt sind ganz besonders dazu verpflichtet, uns ins Gedächtnis zu rufen, welche Bedeutung Hugo Sinzheimer für die Grundlagen eines guten gesellschaftlichen Zusammenlebens hat. Denn Sinzheimer ist mit Frankfurt eng verbunden.

Hier erst begann er, aus den Erfahrungen seiner Tätigkeit als Anwalt, sein politisches Denken weiterzuentwickeln und sich konkret politisch zu engagieren. Er hatte in München, Berlin, Freiburg, Marburg und Halle Rechtswissenschaft und Nationalökonomie studiert, promovierte in Heidelberg und ließ sich 1903 als Rechtsanwalt in Frankfurt nieder.

Mit seiner Frau und ihren gemeinsamen Kindern war er Mitglied der jüdischen Gemeinde in der Westendsynagoge. 1933 wurde er kurzzeitig verhaftet und floh anschließend nach Amsterdam, wo er und seine Frau und die jüngste Tochter im Versteck überlebten.

Zwei Töchter überlebten das KZ und der Sohn konnte in die USA auswandern, um als Soldat nach Deutschland zurückzukehren.

Es freut mich ganz besonders, dass die Nachfahren Hugo Sinzheimer heute an der Festveranstaltung teilnehmen.

In Frankfurt verteidigte Hugo Sinzheimer Sozialdemokraten und Gewerkschaftsvertreter gegen die preußische Justiz der Kaiserzeit. In einem lebendigen intellektuellen Umfeld entfaltete er seine von einem tiefen Humanismus und der jüdischen Wirtschafts- und Sozialethik durchdrungenen Ideen eines Arbeitsrechts, in dem nach seiner Ansicht Tarifverträge, einheitliche Arbeitsverträge und die Bildung von Betriebsräten essenziell sind.

1916 wurde Sinzheimer für die SPD in die Frankfurter Stadtverordnetenversammlung gewählt, der er bis 1933 angehörte. Ab 1919 war er Abgeordneter der verfassungsgebenden Weimarer Nationalversammlung. Zuvor wurde er in Frankfurt zum kommissarischen Polizeipräsidenten ernannt.

Zu seinem Amtsantritt sprach er – als Polizeipräsident! - an der Universität über die Bedeutung der Freiheit der Forschung. Von 1920 an lehrte und forschte er als Professor für Arbeitsrecht und Rechtssoziologie an der Frankfurter Universität, während er weiterhin für die Gewerkschaften als Rechtsanwalt tätig blieb und die Akademie der Arbeit inhaltlich prägte. Dies zeigt, auf welch vielfältige Weise sich Sinzheimer für und in unserer Stadt engagierte. Dies bürgerschaftliche Engagement ist prägend für unsere Stadt.

Sinzheimer war der Mit-Initiator der „Akademie für Arbeit“, die 1921 gegründet wurde und heute als „Europäische Akademie der Arbeit“ im „House of Labour“ an der Eschenheimer Landstraße ihren Sitz hat, getragen vom Deutschen Gewerkschaftsbund, dem Land Hessen und der Stadt Frankfurt. Eine in dieser Form einmalige Institution und prägend für Frankfurt. Als Oberbürgermeister bin ich sehr dankbar um die Wirkung der Akademie bei der Aus- und Weiterbildung engagierter Menschen.

Ich freue mich, dass mit dieser Jubiläumsveranstaltung der Fokus auf einen der bedeutendsten deutschen Juristen und jüdischen Sozialdemokraten gerichtet wird.

Er steht in Zeiten von Disruption und Unsicherheit für ein Gesellschaftsmodell, das auf Teilnahme aller und einen gerechten Interessenausgleich ausgerichtet ist. Das ist es, was wir nötiger denn je brauchen.

Grußwort

Prof. Dr. Marietta Auer, Direktorin am Max-Planck-Institut für Rechtsgeschichte und Rechtstheorie, Frankfurt a.M.

I.

Sinzheimer-Jubiläumsjahre sind immer Doppeljubiläen, und zwar gleichzeitig festliche und tragische. So fällt in dieses Jahr 2025 einerseits, und zwar auf den morgigen 12. April, der 150. Geburtstag von Hugo Sinzheimer. Geboren wurde Sinzheimer am 12. April 1875 in Worms. Andererseits jährt sich in den runden Fünfer-Jahren aber auch immer der Tod Hugo Sinzheimers, und zwar in diesem Jahr zum 80. Mal. Es gibt hier also kein Feiern ohne Trauern, genauso wie es keine heutige Berufung auf den Namen Hugo Sinzheimers gibt, ohne zugleich die Zerstörung der jüdischen Tradition der deutschen Rechtskultur zu betrauern, zu deren besonders herausragenden Exponenten Sinzheimer gehörte. Wie vieles ist hier verloren gegangen! Nun will ich nicht zu lange bei der Ihnen sicherlich bekannten Biographie Sinzheimers verweilen; ein paar Eckdaten seien aber – gerade aus der Perspektive des Max-Planck-Instituts für Rechtsgeschichte und Rechtstheorie, als dessen Vertreterin ich heute zu Ihnen sprechen darf – doch hervorgehoben:

Kindheit und Jugend in Worms, großbürgerliches Elternhaus; Abitur auf dem Großherzoglichen Gymnasium, eine abgebrochene kaufmännische Lehre, dann ein Leben im Dienste des Rechts, der Rechtswissenschaft, vor allem der Arbeitsrechtswissenschaft, der Rechtspolitik und vielfach auch der praktisch tätigen Berufspolitik, das alles immer aus einer fortschrittlichen, sozialdemokratischen, humanistischen, freirechtlichen Perspektive – mithin das Beste, was Weimar zu bieten hatte, und genau das, was dem Nationalsozialismus als erstes und mit bis heute spürbaren und irreversiblen Folgen zum Opfer fiel.

Die nächsten Stationen nach Worms: Studium der Rechtswissenschaft und der Nationalökonomie in München, Berlin, Freiburg im Breisgau, Marburg und Halle; Promotion in Heidelberg im Jahr 1902, ab 1903 Rechtsanwalt in Frankfurt am Main; schon damals vielfach Vertreter politischer und gewerkschaftlicher Mandanten. 1914 wurde Sinzheimer Mitherausgeber der Zeitschrift „Arbeitsrecht"; im selben Jahr trat er der SPD bei. An der Gründung der Weimarer Republik wirkte er buchstäblich vom ersten Tag an mit. 1919/1920 war er Mitglied in der verfassunggebenden Weimarer Nationalversammlung. Dort begründete er am 16. Juli 1919 den Antrag seiner Fraktion, den Passus „Die

Todesstrafe ist abgeschafft" in die Verfassung aufzunehmen. Ebenfalls war er maßgeblich daran beteiligt, die Sozialpflichtigkeit des Eigentums in die Verfassung aufzunehmen. Von ihm stammt der Satz „Eigentum verpflichtet" in Artikel 153 der Weimarer Reichsverfassung, der bis heute in Artikel 14 Absatz 2 Teil des Grundgesetzes ist. Noch wichtiger für sein eigentliches Werk war aber wohl Artikel 165 der Weimarer Reichsverfassung, der die Arbeitsverfassung und Koalitionsfreiheit regelt. Dort heißt es bis heute maßstabsetzend in Absatz 1: „Die Arbeiter und Angestellten sind dazu berufen, gleichberechtigt in Gemeinschaft mit den Unternehmern an der Regelung der Lohn- und Arbeitsbedingungen sowie an der gesamten wirtschaftlichen Entwicklung der produktiven Kräfte mitzuwirken. Die beiderseitigen Organisationen und ihre Vereinbarungen werden anerkannt."

Und damit stehen wir erst am Anfang des bahnbrechenden arbeitsrechtlichen Wirkens von Hugo Sinzheimer; nicht zu Unrecht gilt er daher in Deutschland als „Vater des Arbeitsrechts": 1920 wurde er zum Professor für Arbeitsrecht und Rechtssoziologie an der Universität Frankfurt ernannt. 1921 initiierte er gemeinsam mit Ernst Pape, Theodor Thomas, Eugen Rosenstock-Huessy und anderen die Gründung einer „Arbeiter-Akademie in Frankfurt am Main". Berühmte Juristen, Soziologen und Politologen der Weimarer Zeit haben an dieser Akademie gelehrt, unter anderem Erik Nölting, Franz Oppenheimer, Otto Kahn-Freund, Henri de Man und Ernst Fraenkel. Natürlich ist auch diese Geistesblüte den Nationalsozialisten zum Opfer gefallen. Indessen wurde die Akademie 1951 vom Land Hessen und vom Deutschen Gewerkschaftsbund als Stiftung neu konstituiert und führt das von Sinzheimer begonnene Werk bis heute unter dem Namen „Europäische Akademie für Arbeit" fort.

Doch nochmals zurück zu Sinzheimer. 1933 brach sein vielfältiges arbeitsrechtliches und rechtspolitisches Wirken, auch als Mitherausgeber der ebenfalls bis heute bestehenden Zeitschrift „Die Justiz" sowie immer wieder als Schlichter in Tarifkonflikten sowie als Verfasser wirtschaftspolitischer Grundsatzschriften, jäh ab. Nach der Machtergreifung der Nationalsozialisten und der Schreckerfahrung der sogenannten „Schutzhaft" floh Sinzheimer noch 1933 in die Niederlande und wirkte dort zunächst auch als Professor, zunächst in Amsterdam und später in Leiden, während ihm gleichzeitig im Deutschen Reich die Lehrbefugnis, die Staatsbürgerschaft und der Doktorgrad entzogen wurden. Ab 1940 war er auf der Flucht; die Übersiedelung nach England scheiterte; die letzten Jahre im Untergrund waren von Entbehrung geprägt. Er starb wenige Monate nach Kriegsende am 16. September 1945 in den Niederlanden an den Folgen des Lebens auf der Flucht. Wie gesagt: Sinzheimer-Jubiläumsjahre sind immer tragische Doppeljubiläen.

II.

Zurück zur Gegenwart und zum konkreten Anlass der diesjährigen Jubiläumsveranstaltung. Frankfurt war die Stadt Sinzheimers. Hier finden sich seine Spuren in der Arbeitsrechtsgeschichte und gewerkschaftlichen Ausbildung bis heute überall. Und damit möchte ich zu dem erfreulichen Anlass kommen, der Sie heute zusammenbringt und zu dem ich Sie auch im Namen meiner Kolleginnen und Kollegen am Max-Planck-Institut für Rechtsgeschichte und Rechtstheorie sehr herzlich beglückwünschen möchte: Dem Hugo Sinzheimer Institut, für das es nach allem Gesagten keinen besseren Ort als Frankfurt geben kann, ist es geradezu in einem Glücksfall der Geschichte gelungen, gemeinsam mit der IG Metall den Nachlass Hugo Sinzheimers zu erwerben. Dieser Nachlass soll nunmehr erschlossen und der Öffentlichkeit zugänglich gemacht werden. Nochmals: Hierzu darf ich Sie sehr herzlich beglückwünschen. Dieser einzigartige Erwerb wird den arbeitsrechtlichen, arbeitsrechtshistorischen und arbeitsrechtstheoretischen Standort Frankfurt nochmals wesentlich stärken.

In diesem Zusammenhang ist ein großer Dank fällig für die erfolgreiche Kooperation des Hugo Sinzheimer Instituts mit dem Max-Planck-Institut für Rechtsgeschichte und Rechtstheorie. Diese seit nunmehr zehn Jahren bestehende Kooperation im Rahmen der „Initiative Arbeitsrechtsgeschichte“ hat es sich zum Ziel gesetzt, die wissenschaftliche Beschäftigung mit der Geschichte des Arbeitsrechts zu stärken und dem fachübergreifenden Austausch einen Raum zu geben. Letzterer erweist sich gerade vor dem Hintergrund der teilweise unterschiedlichen, einerseits arbeitsrechtspraktischen, andererseits arbeitsrechtstheoretischen und arbeitsrechtshistorischen Perspektiven der Kooperationspartner als außerordentlich fruchtbar. Zu diesem Zweck organisieren wir gemeinsam eine jährliche wissenschaftliche Tagung sowie zwei jährliche Sitzungen des „Arbeitskreises Arbeitsrechtsgeschichte“. Seit 2023 ist auch die Frankfurt University of Applied Sciences als Kooperationspartner mit an Bord.

Die Themen, die bei einer derartigen Breite und Tiefe von gemeinsamen Interessen bearbeitet werden können, sind mannigfaltig. Lassen Sie mich Ihnen ein kleines Best-of aus den Jahrestagungen der letzten Jahre präsentieren: Da wäre etwa „Arbeitsverfassungen im ersten Weltkrieg“, das den Gegenstand der 2. Jahrestagung 2016 bildete. Im Jahr darauf war unser gemeinsames Thema „Arbeitsrechtsgeschichte der EU“ – ein weiteres Feld, zu dem man schier endlos ausholen könnte. „Die Stunde Null des Arbeitsrechts“ stand 2023 auf der Tagesordnung, und das jüngste Thema im vergangenen Dezember war schließlich „Das Soziale Recht der Arbeitsförderung – Eine rechtsgeschichtliche Einordnung".

In all das wird sich die mit den Ressourcen des Hugo Sinzheimer Instituts ermöglichte Forschung am Nachlass Hugo Sinzheimers kongenial einfügen, und wir freuen uns seitens des Max-Planck-Instituts, das seit 2020 neben der Rechtsgeschichte zusätzlich die Rechtstheorie im Namen führt, außerordentlich über diese Möglichkeit zur weiteren Vertiefung unserer wissenschaftlichen Zusammenarbeit, gerade unter dem theoretischen, ökonomischen und soziologischen Blickwinkel, für den der Name Hugo Sinzheimers steht. Denn Sinzheimer war, das sollte nie vergessen werden, ein besonders theorieaffiner Autor, der Grundlegendes zum Verständnis der sozialen Autonomie als Rechtsquelle geleistet hat. Das von Sinzheimer konstruierte Modell einer außerstaatlichen, kollektiven Normativität war für das kollektive Arbeitsrecht bahnbrechend und wegweisend. Heute ist dieses Modell ebenso für die Debatten rund um Rechtspluralismus und Multinormativität von Belang, für die unser Institut mit seinen drei Direktoren sowie der im Institut angesiedelten „Initiative Arbeitsrechtsgeschichte" steht. Es ist uns ein stetes Anliegen, diese erfolgreiche Kooperation weiter auszubauen. Wir verstehen den Erwerb des Nachlasses von Hugo Sinzheimer als einen weiteren Meilenstein auf diesem Weg.

III.

Lassen Sie mich schließen mit einem Dank an die Veranstalter dieser Jubiläumsveranstaltung, denen ich hiermit nochmals die Glückwünsche meiner Co-Direktoren sowie allen im Max-Planck-Institut für Rechtsgeschichte und Rechtstheorie an der Arbeitsrechtsgeschichte Interessierten überbringen darf, sowie mit einem großen Dank an das Hugo Sinzheimer Institut sowie die IG Metall für die Ermöglichung dieses wertvollen Ankaufs. Ich wünsche uns allen einen ertragreichen Tag mit hervorragend besetzten Podien und viele neue Einblicke in die Möglichkeiten der Sinzheimer-Forschung, für die dieses Institut nunmehr eine weltweit einzigartige Anlaufstelle bietet.

Festvortrag „Sinzheimer und die Gewerkschaften"

Christiane Benner, Erste Vorsitzende der IG Metall, Frankfurt a.M.

Sehr geehrte Damen und Herren,
liebe Kolleginnen und Kollegen
und vor allem, liebe Sinzheimer-family!

Heute, am Vorabend des 150sten Geburtstags von Hugo Sinzheimer, sind wir hier zusammenkommen, um an diesen großen Vordenker und Vorkämpfer zu erinnern. Wir tun das mit Stolz, denn viele unserer heutigen Aktivitäten sind mit seinem Namen verbunden.

Wir, das sind nicht nur die Gastgeber IG Metall und HSI. Das sind Gäste aus Japan, Argentinien, den USA, dem Vereinigten Königreich und den Niederlanden. Unter uns sind heute altgediente Professorinnen und Richter, sowie ein ehemaliger IG Metall-Vorsitzender. Aber auch Urenkel Hugo Sinzheimers und junge Nachwuchswissenschaftler*innen, geeint im Gedenken an Hugo Sinzheimer.

Ein Sinzheimer-Jubiläum ist mehr als ein normaler Geburtstag. Denn wir arbeiten nicht nur auf den Fundamenten, die er maßgeblich mitgeschaffen hat, seine Lehren sind immer noch präsent und aktuell. Unsere heutigen Probleme und deren Lösung sind immer noch stark geprägt durch Fragestellungen, die Sinzheimer für seine Zeit und darüber hinaus aufgeworfen hat. Daniel Ulber wird uns gleich auf den Stand des aktuellen Bedarfs an „Sinzheimer im modernen Arbeitsrecht" bringen.

Ich will mich auf das Thema „Sinzheimer und die Gewerkschaften" konzentrieren. Dabei werde ich vor allem über „Sinzheimer und den Deutschen Metallarbeiterverband (DMV) bzw. die IG Metall" sprechen. Das liegt an den historischen Fakten.

Schon während seines Studiums war Sinzheimer gebeten worden, in der Arbeiterbildung tätig zu sein. Diese Erfahrungen dürften einer der Gründe dafür gewesen sein, warum er nach seiner Niederlassung als Rechtsanwalt in Frankfurt seit 1903 als Rechtsberater für den DMV tätig war und viele auch strafpolitische Prozesse für die Gewerkschaft führte. Deren politische Tätigkeiten galten im Kaiserreich häufig noch als Kriminaldelikt. Sinzheimers gewerkschaftliches Engagement war nicht selbstverständlich. Sein Vater war Fabrikant, er kam also aus der oberen Mittelschicht, war ein bürgerlicher Intellektueller, der sich ganz bewusst dafür entschieden hatte, in einer Klassengesellschaft die Perspektive der Unterdrückten einzunehmen und der den Kampf um Gerechtigkeit als politische Aufgabe wahrnahm.

Konzentrieren möchte ich mich heute auf Sinzheimers Beteiligung am Schlichtungsgeschehen in der Weimarer Republik, das von Otto Brenner maßgeblich beeinflusste Selbstverständnis bei der Wiederaufrichtung des Tarifvertragssystems nach 1945 und auf die Aktivitäten der IG Metall bei der Sinzheimer-Renaissance in der Bundesrepublik.

Vor der heutigen gab es drei vergleichbare Veranstaltungen für Hugo Sinzheimer in Frankfurt:

- im Sommer 1958 zum Gedächtnis an ihn durch die Universität Frankfurt und die Akademie der Arbeit,
- zum 100sten Geburtstag durch die Otto Brenner Stiftung zusammen mit der Universität Frankfurt und der Akademie der Arbeit im Jahre 1975 und schließlich
- zur Gründung des Hugo-Sinzheimer-Instituts für Arbeitsrecht im April 2010.

Bei allen Veranstaltungen wurde viel über das Verhältnis zwischen Sinzheimer und den Gewerkschaften gesprochen. Ich möchte die wichtigsten Erkenntnisse aufgreifen und in ihre jeweilige Zeit einordnen.

Von der Veranstaltung des Jahres 1958 wissen wir eigentlich nur, dass sie stattgefunden hat. Wichtiger ist der Text des Hauptreferats von Ernst Fraenkel. Er war ein juristischer Schüler Sinzheimers, Rechtsanwalt für den DMV und ist inzwischen berühmt als Begründer der Politikwissenschaft.[1] In seinem Referat steht eigentlich alles, was man über Sinzheimer wissen muss, um zu verstehen, wie wichtig er für unser Arbeitsrecht, für die Gewerkschaften und für die Wissenschaft war.

Eine Anekdote von Fraenkel zeigt, dass auch Sinzheimers Gegner seine Bedeutung erkannten. Ein führender Arbeitgeber-Anwalt sagte: „Wenn ich an jenem Tage in Frankfurt gewesen wäre, an dem sie Sinzheimer abgeführt haben, ich wäre neben ihm geschritten und hätte dem Volk zugerufen: ‚Seht her, dies ist der Vater des deutschen Arbeitsrechts!'"

1 *Ernst Fraenkel, Hugo Sinzheimer*, Juristenzeitung 1958, S. 457 ff.

Diese Anerkennung kam auch aus Sinzheimers Schlüsselrolle, die er in der verfassunggebenden Nationalversammlung für alle Bestimmungen zur Arbeitsverfassung gespielt hatte. Mir ist ein Aspekt wichtig, den Fraenkel in Bezug auf die Wirkung des Tarifvertrags betont. Er nennt es eine „Großtat im Bereich des Rechts", dass die Träger sozialer Macht in die Lage gebracht worden seien, durch ihre autonomen Organisationen Normen zu setzen, nicht nur der Staat. Für die Arbeiter sei es eine „kopernikanische Wendung im Rechts- und Staatsbewusstsein" gewesen festzustellen, dass - und hier zitiere ich wörtlich – „die Gewerkschaft ein autonomer Machtfaktor zu sein vermag". Diesen Aspekt möchte ich in den Mittelpunkt meiner Betrachtungen stellen.

Hier liegt nämlich der Schlüssel für alles – im Blick zurück und in die Zukunft.

Der Tarifvertrag in der Weimarer Republik war alles andere als das Produkt eines „autonomen Machtfaktors" namens Gewerkschaft, sondern in den Schlüsselindustrien durchweg Ergebnis der staatlichen Zwangsschlichtung. In der Endphase der Republik wurde die Zwangsschlichtung zur Lohnsenkung genutzt. Dabei wurde Hugo Sinzheimer 1930 ganz persönlich zum Leidtragenden der damals üblichen Erpressungssituation: er musste als Gewerkschaftsvertreter in einer Lohnkürzungsschlichtung einer moderaten Kürzung zustimmen, um eine höhere Kürzung durch die sonst unabwendbare Mehrheitsentscheidung abzuwenden. Eugen Loderer und Berthold Huber haben darüber 1975 bzw. 2010 ausführlich und mit großer Hochachtung für Sinzheimer berichtet.

Trotz dieses schmerzlichen Autonomie-Defizits hielt er an der Zwangsschlichtung fest, dem Motto folgend „besser als gar nichts", um „solchen Arbeitnehmerschichten, deren Organisationen schwach sind, eine Stütze dagegen zu bieten, dass sie zu einem willenlosen Opfer wirtschaftlicher Übermacht werden". Erst 1934, bereits im Exil, betonte er die Notwendigkeit einer Balance von Autonomie und Etatismus: „Nicht die Vernichtung des einen oder anderen steht in Frage, sondern ihre kunstvolle Abmessung im Dienst einer auf Freiheit gegründeten Gemeinschaft" (den letzten Halbsatz hatte er selbst hervorgehoben).

Dieses Spannungsverhältnis zwischen gewerkschaftlicher Autonomie und Staatsintervention prägte auch den Wiederbeginn nach 1945. Sinzheimer konnte nicht mehr selbst erleben, wie dieses für sein Lebenswerk so substanzielle Problem in der Bundesrepublik gelöst werden würde.

Das kann ich nicht ansprechen, ohne auf die Tragik des Zeitpunkts seines Todes einzugehen. Sinzheimer starb im September 1945. Er starb kurz nach der

Befreiung, nach jahrelangem zehrenden Leben auf der Flucht und im Versteck. Wir hätten ihm gewünscht, nach der Befreiung weitere Jahre zu leben, zu lehren, zu forschen. Zugleich war es auch ein Verlust für Nachkriegsdeutschland, unterstellt, Sinzheimer hätte sich wieder Deutschland, deutschen Angelegenheiten und uns Gewerkschaften zugewandt. Wie gut hätte uns seine Stimme getan.

Der Wiederaufbau des Tarifvertragssystems verlief nämlich bei weitem nicht glatt nach dem Motto: Endlich können wir gewerkschaftliche Autonomie frei von staatlichen Bindungen entfalten. Schon bei der Neugestaltung des Tarifvertragsgesetzes gab es eine fatale Bereitschaft, die künftige Tarifpraxis, wenn nötig, den Direktiven einer selbst mitbestimmten, gelenkten Wirtschaft unterzuordnen. Und die Gewerkschaften träumten nach dem Krieg von einer Wirtschaftsdemokratie, nicht von einer lebendigen Tarifpraxis. Sich damit auseinanderzusetzen, wurde ihnen geradezu aufgezwungen durch die Niederlage im Kampf um die Neuordnung der Wirtschaft. Nach der Entscheidung gegen eine paritätische Unternehmensmitbestimmung mit dem Betriebsverfassungsgesetz 1952 fanden sich die Gewerkschaften in einer Welt wieder, die so gar nicht ihren Erwartungen entsprach.

In dieser Lage kam der entscheidende Impuls von Otto Brenner. Er wies mit dem Konzept eines „Aktionsprogramms“ die Richtung. Nach dem Scheitern einer Änderung im Großen mussten die Gewerkschaften sich auf die eigenen Möglichkeiten besinnen. Otto Brenner formulierte das 1956 auf dem DGB-Kongress wie folgt: „Diese Erkenntnisse von den Schwierigkeiten, unsere Grundsatzforderungen durchzusetzen, machten uns klar, dass es notwendig war, neue Mittel und Wege zu suchen und uns nur auf solche Nahziele zu beschränken und zu konzentrieren, die durch eigene und gemeinsame Kraft der Gewerkschaften erreichbar waren. Das war der Sinn des Aktionsprogramms.“[2]

Diese Weichenstellung führte zu einer langen Periode von Tarifpolitik und Arbeitskämpfen, in denen Gewerkschaften als „autonome Machtfaktoren“ kenntlich wurden. Das Sinzheimer‘sche Konzept hatte endlich eine echte Chance zur Umsetzung.

Otto Brenner und die IG Metall wagten noch im Jahre 1956 den ersten Praxis-Test in Schleswig-Holstein. Dort, im Lande der prosperierenden Werftenindustrie, brachen sie die breite Palette der Zielsetzungen, die sich aus dem Aktionsprogramm ergaben, auf konkrete Tarifforderungen herunter. Das mündete schließlich in den 16-wöchigen Streik um die Lohnfortzahlung im Krankheits-

2 DGB, 4. Ordentlicher Bundeskongress, Hamburg, 1. bis 6.10.1956, Protokoll, S. 348.

fall für Arbeiter. Er wurde zu einem historischen Wendepunkt: der erste lange Streik um Grundsätzliches ohne staatliche Intervention wurde erfolgreich aus eigener Kraft zu Ende gebracht – etwas, das Hugo Sinzheimer nie erleben durfte.

Aber bereits 1971 zogen schwarze Wolken auf. Im Tarifkonflikt wiederum in Nordwürttemberg/Nordbaden sperrten die Arbeitgeber etwa 190 000 Arbeitnehmer und Arbeitnehmerinnen aus.

Für die IG Metall bedeutete das den Blick in den Abgrund: Denn sollte ein solches Szenario zur Regel werden, wäre die schöne, neu behauptete Autonomie für die Katz gewesen. Otto Brenner hatte dieses existenzielle Dilemma klar erkannt. Er war jedoch nicht mehr in der Lage, zu einer Antwort beizutragen, weil er im Frühjahr 1972 starb.

Heute, aus der Distanz von über 50 Jahren, kann man sehen: Das war ein erneuter Wendepunkt. Für die Gewerkschaften, vor allem für die IG Metall, begann ein seither nicht mehr abreißender Kampf um die „Sicherung der rechtlichen Voraussetzungen für die gewerkschaftliche Handlungsfreiheit". Um diesen Passus, der Aufgabe und Ziel klar umreißt, war 1974 vorausschauend die Satzung erweitert worden. Ich kann und will dazu nur die allerwichtigsten Themen in Überschriften nennen: Streikrecht, Aussperrung, kalte Aussperrung, Warnstreiks, Ein-Tages-Streiks und alle damit verbundenen Aktionen. Seit den 1990er Jahren kämpften die Gewerkschaften um den Tarifvertrag mit Themen wie „Öffnungsklauseln" und „Tarifbindung", verstärkt durch die OT-Bewegung bei den Arbeitgebern. Diese Kämpfe wurden durch Globalisierung, Digitalisierung, Klimawandel und – neuerdings wieder – Krieg erschwert.

Kurzum: Die Bundesrepublik hatte zwar erstmals in der Geschichte den Boden für eine funktionierende Tarifautonomie bereitet, und wir blicken auf eine stolze und weltweit bewunderte Tarifpraxis zurück. Aber: Seit 1971 geht das nicht mehr ohne besagte dunkle Wolken über jeglichem Geschehen.

Es kann kein Zufall sein, dass Hugo Sinzheimer wieder ins Spiel gebracht wurde, als Kampagnen wie das „Verbot der Aussperrung" begannen. Um ihn war es still geworden, wie um alle 1933 verfolgten und ins Exil getriebenen linken Arbeitsrechtler. Ihre Stimme fehlte bei der Wiedererrichtung einer demokratischen und sozialstaatlichen Arbeitsverfassung. Die Veranstaltung zu Ehren Sinzheimers von 1958 blieb folgenlos.

Hier trat nun erneut die IG Metall auf den Plan, diesmal nicht mit praktischer Tarifpolitik, sondern – für eine Gewerkschaft durchaus ungewöhnlich – als Promotorin eines Menschen, den sie zu Recht nicht nur als einen der ihren wahrnahm, sondern als maßgeblichen Urheber für ihre existenziellen Ideen und Institutionen. Und das hatte – wiederum nicht zufällig – etwas mit Otto Brenner zu tun.

Nach seinem Tod gründete die IG Metall die „Otto Brenner Stiftung", die sich „Problemen der Arbeiterbewegung" widmen sollte. Und diese richtete 1976 anlässlich des 100sten Geburtstags von Hugo Sinzheimer eine Veranstaltung zu seinen Ehren und zur Popularisierung seines Gedankenguts aus. Otto Brenners Nachfolger Eugen Loderer begründete das damit, dass Hugo Sinzheimer als Mitbegründer der Akademie der Arbeit, als „Vater des deutschen Arbeitsrechts", aber auch als prominenter Rechtspolitiker des Weimarer Reichstages in seiner Person beispielhaft eine Einheit von Politik und Wissenschaft verkörpert habe. In beiden Bereichen stand er auf der Seite derer, die für Demokratie und sozialen Fortschritt gekämpft haben. Und: „Die Wünschbarkeit einer Verbindung von praktischer Tätigkeit in den Reihen der Arbeiterbewegung mit der Wissenschaft ist ja auch ein Teil des Vermächtnisses unseres verstorbenen Freundes und Kollegen Otto Brenner".[3]

Auf der Veranstaltung sprachen u.a. Spiros Simitis und der wohl berühmteste Schüler von Sinzheimer, Otto Kahn-Freund. Dieser war Arbeitsrichter in Berlin und ein scharfsinniger Kritiker des Reichsarbeitsgerichts gewesen. Er konnte nach Großbritannien emigrieren und stieg dort als „Sir Otto" zum führenden britischen und europäischen Arbeitsrechtler auf. Der Otto Brenner Stiftung schenkte er eine von ihm und Thilo Ramm herausgegebene Sammlung der Schriften von Sinzheimer, mit dem Text seines Referats als Einleitung.[4] Soweit ich weiß, arbeitet das Hugo Sinzheimer Institut daran, diese Bände übersetzen zu lassen und ins Internet zu stellen.

Diese Veranstaltung war nicht nur der Beginn einer Sinzheimer-Renaissance in Deutschland, sondern auch der Beginn der seither ausgesprochen engen Beziehung der IG Metall zu ihm. Man kann sagen, die IG Metall wurde zu so etwas wie einem „home of Sinzheimer". Was Eugen Loderer damals dazu sagte, blieb für die IG Metall und alle ihre Vorsitzenden die Leitschnur: „Wenn wir heute eines Mannes wie Hugo Sinzheimer gedenken, dann wäre es sicher nicht in seinem Sinne, dies nur in Form eines Rückblicks auf die Vergangenheit zu tun. Denn das Arbeitsrecht, insbesondere das Recht der Tarifverträge, dem er zur Geltung maßgeblich mitverholfen hat, ist heute Mittel und Bezugsrahmen zugleich unserer täglichen Gewerkschaftsarbeit. Und wo es für Hugo Sinzhei-

3 Vgl. Hugo-Sinzheimer-Gedächtnisveranstaltung zum 100sten Geburtstag, Schriftenreihe der Otto-Brenner-Stiftung, Nr. 7, S. 19 ff.

4 Vgl. Otto-Kahn-Freund, Hugo-Sinzheimer (1875–1914), in Kahnfreund/Ramm, Hrsg., Hugo Sinzheimer. Arbeitsrecht und Rechtssoziologie, Bd. 1, 1976, S. 1 ff.

mer zunächst galt, ihm Durchbruch und Geltung zu schaffen, haben wir es weiterzuentwickeln und vor Angriffen zu schützen."

Als Erben dieses Vermächtnisses von Otto Brenner und Eugen Loderer können wir stolz auf das Erreichte zurückblicken. Bezogen auf unser Kerngeschäft, Tarifvertrag und Arbeitskampf, sehen wir Erfolge bei der Verteidigung des Streikrechts, seiner Nutzung auch für Warnstreiks, die Begrenzung der Aussperrung und auch den Schutz durch die Sozialgerichte bei der Auslegung des § 116 AFG. Den heutigen Rechtszustand verdanken wir einer unerhörten Intervention der Regierung Kohl/Genscher. Mit dem „Pforzheim"-Modell konnten wir hinsichtlich des Tarifvertrags aus eigener Kraft das Schlimmste abwenden, aber die rückläufige Tarifbindung sorgt uns sehr.

Mittlerweile ist die Erinnerung an Sinzheimer im heutigen Arbeitsrecht sehr präsent. Seit der Veranstaltung 1975 gibt es die „Sinzheimer-Gedächtnis-Vorlesungen" und den „Sinzheimer-Preis" für herausragende arbeitsrechtliche Dissertationen.

Ein weiterer Meilenstein war die Gründung des „Hugo Sinzheimer Instituts für Arbeitsrecht" im April 2010. Die Gründungsidee wurde vom Justitiar der IG Metall, Thomas Klebe, entwickelt, der auch zusammen mit Marlene Schmidt die Leitung des HSI übernahm. Zunächst war das HSI noch eine Einrichtung der Otto Brenner Stiftung, inzwischen ist es unter dem Dach der Hans-Böckler-Stiftung. Berthold Huber, damals 1. Vorsitzender der IG Metall, sagte bei der Gründungsveranstaltung, dass es angesichts fundamentaler Weichenstellungen für die Zukunft des Arbeitsrechts einer zusätzlichen Plattform für die nötige Weite und Pluralität des wissenschaftlichen Diskurses bedürfe: „Dem soll das neue Institut dienen, der Präambel seines Gründungsstatuts zufolge ‚verpflichtet dem humanistischen Erbe Hugo Sinzheimers' und mithin der Freiheit und Würde des arbeitenden Menschen."[5]

Heute können wir einen weiteren Meilenstein feiern: Es ist uns nämlich im letzten Jahr gelungen, den verschollen geglaubten Nachlass von Hugo Sinzheimer zu übernehmen. Er wird nun bei der Friedrich-Ebert-Stiftung in ein digitales, für den wissenschaftlichen Zugriff offenes Archiv überführt. Vom Hugo Sinzheimer Institut wird nun erwartet, in Frankfurt einen „Hotspot" der Sinzheimer-Forschung zu etablieren. Anja Kruke und Martin Otto werden uns gleich einen ersten Eindruck von den Inhalten des Nachlasses geben.

---

5 *Bertold Huber*, Hugo Sinzheimer und wir – Warum ein arbeitsrechtliches Institut unter seinem Namen hier und heute?, Arbeit und Recht 2010, S. 280 ff.

Diese Möglichkeit wird die Zusammenarbeit mit dem Max-Planck-Institut für Rechtsgeschichte und Rechtstheorie in Frankfurt vertiefen. Wir freuen uns, Frau Auer mit einem Grußwort bei uns zu haben.

Meine Damen und Herren,
liebe Kolleginnen und Kollegen,

was ich eben gesagt habe, war die notwendige Sachinformation. Aber ich möchte auch die enorme emotionale Bedeutung dieses Vorgangs betonen. Ein großer Koffer mit über 600 Dokumenten trat 1933 von Frankfurt aus zusammen mit Hugo Sinzheimer die Reise ins holländische Exil an. Er wurde auf der permanenten Flucht, wie es uns eben im Film vor Augen geführt wurde, in unzähligen Kellern und auf Dachböden verstaut. Und jetzt kam er wieder zurück nach Frankfurt, in Hugo Sinzheimers Heimat. Erweisen wir uns der daraus erwachsenden Erwartungen als würdig!

Zum Abschluss will ich die Tragik und Tragweite von Sinzheimers Exil betonen. Denn er musste ja nicht vorrangig wegen seines arbeits- und verfassungsrechtlichen Wirkens fliehen. Auch das. In dieser Hinsicht ging es ihm wie anderen Gewerkschaftern und Sozialdemokraten. Er musste aber vor allem deshalb fliehen, weil er Jude war und somit Opfer der antisemitischen Politik der Nationalsozialisten. Spiros Simitis grub zur Veranstaltung 1975 eine Stellungnahme des Dekans der juristischen Fakultät in Frankfurt von 1934 anlässlich seiner Vertreibung aus. Darin wurde ihm vorgeworfen, als dass er „zahlreiche Studenten auch nichtarische Abstammung um sich versammelte und sie tatsächlich entscheidend im marxistisch-demokratischen Sinne beeinflusste.“[6]

Weil sie Juden waren, wurden auch Ernst Fraenkel und Otto Kahn-Freund vertrieben. Das zeigt, dass die Entwicklung des Arbeitsrechts Anfang des 20. Jahrhunderts vor allem von jüdischen Wissenschaftlern geprägt wurde. Vielleicht waren sie aufgrund ihrer eigenen Diskriminierung besonders offen für ein Rechtsgebiet, das den Schutz der Schwächeren zum Ziel hatte.

Diese Facette der Person Sinzheimers macht es besonders wichtig, dass das jüdische Museum in Frankfurt ihm einen besonderen Raum widmet. Darin sollen auch Stücke aus seinem jetzt heimgeholten Nachlass gezeigt werden. Liebe Miriam Wenzel, ganz, ganz großen Dank dafür!

---

6 *Spiros Simitis*, Einleitung, Hugo-Sinzheimer-Gedächtnisveranstaltung zum 100sten Geburtstag, Schriftenreihe der Otto-Brenner-Stiftung, Nr. 7, S. 11 ff.

Und ich bin sicher, das zeigt die Anwesenheit des Oberbürgermeisters, dass auch die Stadt Frankfurt zur Ehrung ihres großen Bürgers beitragen wird. Auch dafür unseren herzlichen Dank, lieber Mike Josef!

„Sinzheimer in den Niederlanden“ macht schließlich eine Assoziation unausweichlich. Ernst Fraenkel formulierte sie 1958 folgendermaßen: „Die Besetzung Hollands durch die Armeen Adolf Hitlers zwangen ihn, sich Jahre zu verbergen, alle die Ängste auszustehen, die ein kleines jüdisches Mädchen, das nach Holland verschlagen war, die Anne Frank, auch für diejenigen gültig ausgedrückt hat, die nicht wissen, was Diffamierung, Verfolgung und drohende Vernichtung bedeuten.“ Das bedarf keiner Ergänzung und keines Kommentars.

Indem wir Hugos Sinzheimers Ideen hochhalten und ihnen aktuelle Bedeutung verleihen, tun wir das Nächstliegende. Wir kämpfen um die Voraussetzungen für erfolgreiches gewerkschaftliches Handeln in der Zukunft. Das ist nicht wenig. Aber indem wir die Erinnerung an seine Verfolgung als Jude wachhalten, leisten wir einen wichtigen Beitrag zu Verteidigung unserer Demokratie gegen die Feinde von ganz rechts. Dass dies so drängend auf die Tagesordnung geraten ist, macht fassungslos. Wir nehmen diesen Kampf aber entschlossen auf und zeigen Klare Kante gegen Rassismus und Antisemitismus. Nie wieder ist jetzt.

Wenn ich damit auch auf die aktuellen Aufgaben eingehe, dann liefern Werk und Leben Hugo Sinzheimers eine beinahe beängstigende Folie, mit einer zeitlosen Erkenntnis im Mittelpunkt: Tarifautonomie mit freien Gewerkschaften und ein demokratisches Gemeinwesen sind untrennbar. Wo eine Komponente leidet, ist die andere bedroht. Nicht von ungefähr haben die Feinde der Weimarer Demokratie den Kampf gegen die Republik mit dem Kampf gegen den Tarifvertrag eröffnet.

Tragen wir alles dazu bei, diese Demokratie zu erhalten.

Festvortrag „Hugo Sinzheimer und das moderne Arbeitsrecht"*

Prof. Dr. Daniel Ulber, Universität Trier

Hugo Sinzheimer wäre am 12. April 2025 150 Jahre alt geworden. Viele Beiträge zu seinem Wirken und seiner Biographie sind in den letzten Jahren erschienen. Der Vortrag, der in fast unveränderter Form am 11. April 2025 auf der Jubiläumsveranstaltung zu seinem 150. Geburtstag in Frankfurt a. M. gehalten wurde, beschäftigt sich mit der fortwirkenden Bedeutung Sinzheimers für das moderne Arbeitsrecht.**

I. Einleitung

Es ist mir eine große Ehre heute zum 150. Geburtstag von Hugo Sinzheimer zu Ihnen sprechen zu dürfen. Seine Person und sein Wirken sind bereits aus unterschiedlichen Perspektiven gewürdigt worden. Die üblichen Hinweise auf Werdegang und Biographie, die solchen Betrachtungen über Sinzheimer eigentlich voranstehen müssen, sind hier daher nicht notwendig. Diesem Vortrag kommt vielmehr die Aufgabe zu Sinzheimers – fortwirkende – Bedeutung für das moderne Arbeitsrecht aufzuzeigen. Das ist eine Mammutaufgabe, gilt Hugo Sinzheimer doch als einer der wichtigsten, wenn nicht der wichtigste Vordenker des Arbeitsrechts, jedenfalls aber des Tarifvertragsrechts.

Auf seinen Vorarbeiten und Überlegungen beruht unser Tarifvertragsrecht bis heute. Auch die verfassungsrechtliche Gewährleistung der Tarifautonomie in der Weimarer Reichsverfassung hat er angelegt. Sie wirkt bis heute in Art. 9 Abs. 3 GG fort.

Die immense Bedeutung für das heutige moderne Arbeitsrecht, die Hugo Sinzheimer zweifelsohne zukommt, kann hier nicht in vollem Umfang dargestellt werden. Dazu ist sein Werk zu umfangreich.

---

* Gewidmet ist dieser Beitrag dem Gedenken an Prof. Dr. Dr. hc. Ulrich Preis. Die Veranstaltung, auf der dieser Vortrag gehalten wurde, war unsere letzte persönliche Begegnung und der Vortrag hatte ihm sehr gut gefallen.

** Der Beitrag wurde vorab ebenfalls in der Zeitschrift Soziales Recht, Ausgabe 4/2025, S. 119 ff. veröffentlicht.

Deshalb werde ich mich heute auf die folgenden Punkte konzentrieren. Zunächst seine Bedeutung für die Grundlagen des Rechts, soweit sie das Arbeitsrecht und seine heutige Auslegung und Anwendung betrifft. In diesem Zusammenhang soll kurz auf den Blick von Sinzheimer auf Aufgabe und Funktion des Arbeitsrechts eingegangen werden. Danach geht es um die Grundlagen für unser Tarifvertragssystem. Aus diesem Bereich werden insbesondere die Fragen der unmittelbaren und zwingenden Wirkung des Tarifvertrags herausgegriffen. Auch die Nachbindung von Tarifverträgen soll hier kurz gestreift werden. Auf dieser Grundlage ist einiges zur verfassungsrechtlichen Architektur der Koalitionsfreiheit zu sagen, wie sie Sinzheimer konstruiert hat. Schließlich soll es am Ende noch einmal um das große Ganze gehen, nämlich Funktion und Funktionsfähigkeit der Tarifautonomie im 21. Jahrhundert. Entlang dieser Punkte werden immer wieder, ohne allzu sehr ins Detail zu gehen, aktuelle gerichtliche Entscheidungen, Rechtsfragen und Rechtsentwicklungen angesprochen und es wird versucht, einen Blick darauf zu werfen, wie Sinzheimer diese wohl gesehen hätte. Nicht alle von Ihnen sind Juristinnen oder Juristen. Die ansonsten üblichen Verweise auf Vorschriften und die Details von Entscheidungen werden daher so weit wie möglich weggelassen.

II. Die Grundlagen

Zunächst aber zu den Grundlagen des Rechts. Sinzheimers Überlegungen dazu sollen hier nur angesprochen werden, soweit sie eine spezifische arbeitsrechtliche Bedeutung haben. Im Übrigen sind sie heute schon aus anderer Perspektive beleuchtet worden. Sinzheimer ist um die Wende zum 20. Jahrhundert herum sozialisiert worden. Zu dieser Zeit ist das Bürgerliche Recht besonders stark von einem formalfreiheitlichen Denken geprägt. Verträge werden als von freien Gleichen geschlossen angesehen. Die tatsächlichen Machtungleichgewichte, Imparitäten und sozialen Folgeprobleme, die sich aus einer solchen Sichtweise ergeben, werden zwar nicht ignoriert, aber kaum als ein Problem angesehen, dem sich das Zivilrecht anzunehmen hätte.

Sinzheimer legt von Anfang an den Finger in die Lebenslüge des formalfreiheitlichen Privatrechtsverständnisses. Ihm sind als Anwalt dessen Defizite nur zu deutlich vor Augen.

> *»Personen sind gleich, Menschen (in ihrer konkreten Lebenslage)*[1] *sind ungleich.«*[2]

Diese prägnante Aussage spiegelt Sinzheimers Überzeugung wider, dass formale Gleichheit allein nicht ausreicht, um echte soziale Gerechtigkeit zu erzielen. Ausgangspunkt seiner rechtlichen Überlegungen ist das Machtungleichgewicht im Arbeitsverhältnis.

Sinzheimer nimmt die sozialen Realitäten nicht nur zur Kenntnis, sondern verlangt, dass die Rechtswissenschaft und vor allem die im Entstehen befindliche Arbeitsrechtswissenschaft sich ihnen zuwendet. Normauslegung und Normanwendung sollen nicht bloßen abstrakten, die sozialen Verhältnisse negierenden Prinzipien folgen. Vielmehr sollen die praktischen Verhältnisse betrachtet und einbezogen werden und – wo notwendig – auch zur Anerkennung der in der Praxis durch die sozialen Kräfte geschaffenen Regelungen beitragen. Sinzheimer verwahrt sich damit gegen jene, die das Recht methodisch versteinern wollen, um gesellschaftlichen Fortschritt und sich dynamisch verändernde Normumfelder nicht berücksichtigen zu müssen.

Was bedeutet das für das moderne Arbeitsrecht? Vor allem im Arbeitsrecht ist es seit je her so, dass die ökonomischen, sozialen und technologischen Veränderungen das geltende Recht schnell veralten lassen und immer wieder Regelungslücken auftreten. Weil Arbeitsrecht aber in aller Regel die Beschäftigten schützen soll, sind Regelungslücken in aller Regel Schutzlücken. Sinzheimer erkennt, welch wirksames Kampfmittel gegen die Rechte von Beschäftigten der Verweis auf die »formale Rechtslage« ist. Er schreibt:

> *»Wer nur in den Gesetzen des Arbeitsrechts sucht, wird es niemals finden.«*[3]

Zudem ist für Sinzheimer deutlich, dass Schutzlücken zumindest nicht immer vom Gesetzgeber geschlossen werden können. Vielmehr ist dazu die autonome Rechtssetzung durch die Beschäftigten mit der Gegenseite erforderlich. Diese Rechtsetzung bedarf aber der Anerkennung durch das geltende Recht.

Diese Erkenntnis ist für das heutige – moderne – Arbeitsrecht immer noch von Bedeutung, auch wenn sie zugegebenermaßen früher größer war. Bei Entstehung des Arbeitsrechts verweigerte der Gesetzgeber es weitgehend, sich der

---

1 Mit diesem Klammerzusatz wird *Sinzheimer* von *Zachert*, RdA 2004, 104, 106 wiedergegeben.

2 *Sinzheimer*, in: Kahn-Freund/Ramm (Hrsg.), Arbeitsrecht und Rechtssoziologie, Bd. 1, Frankfurt a.M. u.a. 1976 (im Folgenden: Arbeitsrecht und Rechtssoziologie, Bd. 1), S. 406.

3 *Sinzheimer*, Jüdische Klassiker der Deutschen Rechtswissenschaft, Amsterdam 1938, S. 217 f.; *ders.*, in: Arbeitsrecht und Rechtssoziologie, Bd. 1 (Fn. 3), S. 411 f.

mit der abhängigen Beschäftigung verbundenen Folgefragen anzunehmen. Diese Verweigerungshaltung kulminiert zu Beginn des 20. Jahrhunderts in der weitgehenden Ausklammerung der arbeitsrechtlichen Fragen durch das BGB. Wo Realität auf formalfreiheitliches Privatrecht prallt, bleibt der Judikative daher nur die Möglichkeit, schrittweise Handlungsmöglichkeiten auf Basis des geltenden Rechts auszuloten und dieses weiterzuentwickeln sowie ggf. eigenständig Rechtsregeln zu schöpfen.

Das ist auch der eigentliche Hintergrund der gegenwärtig wieder heftiger ausgetragenen Methodenstreitigkeiten im Arbeitsrecht. Wer die Autobiographie von Thomas Dieterich[4], langjähriger Präsident des BAG und ehemaliger Richter am BVerfG, liest, erkennt, dass den Arbeitsgerichten – gerade in den Anfangsjahren der Bundesrepublik – nichts anderes übrigblieb, als das lückenhafte Recht entschlossen fortzubilden. Weil die Rechtsprechung sich dabei häufig den – durch die Untätigkeit des Gesetzgebers – zugunsten der Arbeitgeberseite konservierten Machtungleichgewichten annehmen musste, ist der Streit über Grundlagen und Grenzen der richterlichen Rechtsfortbildung im Arbeitsrecht damit einer, der im Regelfall unmittelbar entlang des arbeitsrechtlichen Interessenkonflikts verläuft. Wer also vorschiebt, sich um das Rechtsstaatsprinzip und das Demokratieprinzip im Arbeitsrecht zu sorgen, wenn die Gerichte Maßnahmen ergreifen, um Lücken zwischen Recht und Realität zu schließen, der wendet sich immer auch ein wenig gegen die Möglichkeit des Arbeitsrechts, seine Schutzfunktion unter veränderten Gegebenheiten zu erfüllen.

Zudem muss man erkennen: Der Gesetzgeber ist schlicht zu langsam und zu wenig fähig, alle Entwicklungen zu prognostizieren; politische Konsensfindung findet nicht notwendigerweise statt, auch wenn der Justizgewährleistungsanspruch es längst verlangt, dass Gerichte nicht geregelte Rechtsfragen zu entscheiden haben. Dieses Problem stellt sich im Arbeitsrecht in besonderer Weise.

Ein kurzer Blick dazu in die aktuelle Rechtsprechung des BVerfG verdeutlicht dies. Bekanntermaßen hat das BVerfG vor kurzem eine Grundsatzentscheidung zur Tarifautonomie gefällt.[5] Gegenstand war die Frage, ob und in welchem Umfang die Tarifvertragsparteien diskriminierende Tarifregelungen treffen dürfen. Die Rechtsprechung des BAG hat in Ermangelung gesetzlicher Regelungen seit jeher angenommen, dass die Tarifvertragsparteien an Art. 3 Abs. 1 GG gebunden sind, also keine ungerechtfertigten Ungleichbehandlungen vornehmen dürfen. Hintergrund für diese Rechtsprechung ist, dass Tarif-

4 *Dieterich*, Ein Richterleben im Arbeits- und Verfassungsrecht, Berlin 2016.
5 BVerfG, 11.12.2024 – 1 BvR 1109/21, 1BvR 1422/23 – AP GG Art. 9 Nr. 157.

verträge nicht durch die Mitglieder der Gewerkschaft und den Arbeitgeber unmittelbar, sondern durch ihre Verbände abgeschlossen werden. Der Tarifvertrag schützt die Arbeitnehmerinnen und Arbeitnehmer, sie sind aber zugleich wegen der Machtausübung, die über und nicht durch die Mitglieder selbst stattfindet, schutzbedürftig gegenüber dem Tarifvertrag. Diese, aus den tatsächlichen Umständen abgeleitete Begründung für die Bindung an Art. 3 Abs.1 GG, verortet das BVerfG nunmehr unmittelbar in Art. 9 Abs. 3 GG. Damit geht es so vor, wie Sinzheimer es sich immer gewünscht hat. Es sieht die Lebensrealität und sucht nach einer rechtlichen Lösung. Und es ermöglicht der Arbeitsgerichtsbarkeit, nicht durch fehlendes einfaches Recht daran gehindert zu sein, die notwendigen Kontrollmaßstäbe zu entwickeln, um materielle Gerechtigkeit zu gewährleisten.

Demgegenüber scheint sich in der jüngsten Rechtsprechung des BAG zum digitalen Zutrittsrecht für Gewerkschaften zum Betrieb eine eher versteinerte Haltung zu zeigen.[6] Mangels ausdrücklicher Regelung hat die Rechtsprechung bekanntermaßen aus Art. 9 Abs. 3 GG abgeleitet, dass Gewerkschaften zum Zweck der Mitgliederwerbung ein Zutrittsrecht zum Betrieb zusteht. Indes nützt dieses Recht nichts, wenn die Belegschaft teilweise oder gar vollständig zu Hause arbeitet und deswegen für eine persönliche Ansprache nicht zu erreichen ist. Deswegen hatten die Gewerkschaften verlangt, dass ihnen die Möglichkeit eingeräumt wird, die Belegschaft auch per E-Mail zu erreichen. Das hat das BAG mit einer Entscheidung, zu der bislang lediglich eine Pressemitteilung vorliegt und deren Inhalt hier zugrunde gelegt wird, abgelehnt. Das BAG argumentiert, dass die kollidierenden wirtschaftlichen Interessen von Unternehmen diese Daten nicht herauszugeben, wichtiger seien und zwar auch dann, wenn die Gewerkschaft die Nutzungszwecke einschränkt. Wenig realitätsnah ist dann aber die Annahme des BAG, die Gewerkschaften könnten schließlich die Mitarbeitenden vor Ort aufsuchen und sich dort deren Mailadressen geben lassen. Genau das geht bei Personen, die online arbeiten, nicht und dürfte im Regelfall auch ansonsten ein völlig unzumutbarer Aufwand sein. Sinzheimer hätte sich über eine solche Begründung sicherlich geärgert.

Ganz anders, um – neben der aktuellen Rechtsprechung zum Arbeitnehmerstatus von sogenannten Crowdworkern[7] – ein weiteres positives Beispiel hervorzuheben, hat sich die Rechtsprechung des BAG zum Arbeitskampfrecht entwickelt. Dieses entfaltet sich in einem Wechselspiel. Die Gewerkschaftsseite entwickelt Kampfmittel, die die Unternehmerseite wirkungslos zu machen sucht, weswegen die Gewerkschaften neue Kampfmittel und Strategien entwi-

---

6 BAG, 28.1.2025 – 1 AZR 33/24 – AuR 2025, 126 (bisher nur Pressemitteilung).
7 BAG, 1.12.2020 – 9 AZR 102/20 – NZA 2021, 552.

ckeln. Dieses Spiel setzt sich immer weiter fort. Würde man das Arbeitskampfrecht versteinern und die Gewerkschaften auf einen bestimmten numerus clausus von Kampfmitteln festlegen, würde das Streikrecht daher mit der Zeit leerlaufen. Das BAG hingegen hat mit dem Grundsatz der Kampfmittelfwahlfreiheit eine Lösung gefunden, die Sinzheimer gefallen hätte.[8] Dieser Grundsatz bedeutet nicht, dass jedes Mittel rechtmäßig ist. Der Grundsatz der Kampfmittelwahlfreiheit bedeutet aber, dass die Gewerkschaften neue Kampfmittel entwickeln können und diese nicht a priori als unzulässig angesehen werden können, weil sie »neu« sind.

Es ist also keine theoretische Frage, welche Methodik im Arbeitsrecht angewendet wird. Vielmehr hat die Arbeitgeberseite ein methodisches Anliegen. Zum einen geht es ihr darum, dass die Tarifautonomie und arbeitsrechtliche Vorschriften möglichst historisch so ausgelegt werden, dass sie statisch und nicht flexibel gehandhabt werden können. Denn dann sind Ausbruchsversuche aus dem bestehenden System und seine Umgehung erfolgversprechend, weil das Recht und die Tarifautonomie keine Möglichkeit haben, die Verfolgung aufzunehmen. Schutzlücken bleiben bestehen und dem System werden Selbstheilungskräfte genommen; das alles hat zur Folge, dass es seine Funktion immer schlechter erfüllen kann. Wegen der defizitären oder fehlenden Regulierung und besonderen Schnelllebigkeit des Arbeitsrechts war es schon immer ein Rechtsgebiet, in dem weitreichende Befugnisse der Gerichtsbarkeit zu Rechtsfortbildung, Weiterentwicklung und Lückenschluss erforderlich sind. Ansonsten kann es seine Schutzfunktion nicht mehr hinreichend erfüllen.

Ich halte damit fest: Sinzheimers Denken und Wirken ist eigentlich für jede Rechtsfrage im Arbeitsrecht hilfreich, bei der es um Widersprüche zwischen dem aktuellen Stand von Gesetzgebung und Rechtsprechung und der Wirklichkeit geht. Er mahnt uns, nicht achselzuckend auf den Gesetzgeber zu verweisen, wenn sich die Wirklichkeit wandelt, sondern die Bereitschaft mitzubringen, sie zum Ausgangspunkt neuer Überlegungen und der Suche nach lebensnahen Lösungen zu machen. Dafür braucht das Arbeitsrecht mehr als andere Rechtsgebiete eine gewisse Beinfreiheit für die Rechtsprechung, aber auch ihre Bereitschaft, diese entschlossen zu nutzen.

8 BAG, 19.6.2007 – 1 AZR 396/06 – AP GG Art. 9 Arbeitskampf Nr. 173, Rn. 26; BAG, 22.9.2009 – 1 AZR 972/08 – AP GG Art. 9 Arbeitskampf Nr. 174, Rn. 42.

III. Hugo Sinzheimer als einer der Gründungsväter des Arbeitsrechts

Diese Vorbemerkungen sind wichtig, um die Rolle Sinzheimers für das moderne Arbeitsrecht einordnen zu können. Er darf zweifelsohne als einer seiner Gründungsväter bezeichnet werden. Das gilt nicht nur, weil er in Frankfurt der erste Inhaber einer arbeitsrechtlichen Professur werden wird, sondern vor allem wegen den von ihm maßgeblich miterarbeiteten Grundlagen des geltenden Tarifrechts. Mit den beiden legendären Schriften »Der korporative Arbeitsnormenvertrag Teil 1 und Teil 2«, die 1907 und 1908 erscheinen,[9] sowie mit dem Entwurf für »Ein Arbeitstarifgesetz«, 1916,[10] und einer Vielzahl von weiteren Beiträgen und Vorträgen, legt Sinzheimer den Grundstein, für die 1918 ergangene Tarifvertragsordnung.

1. Der Kampf um den TV im Kaiserreich – Historische Entwicklungen und Kontinuitäten

Aufgreifen möchte ich einen Teil der praktischen Erfahrungen, die Sinzheimer in seine Überlegungen zur Ausgestaltung des Tarifrechts einbringt und die im Zusammenhang mit der unmittelbaren Wirkung des Tarifvertrags stehen.

Im preußisch dominierten Obrigkeitsstaat beginnt Sinzheimer seine rechtliche Karriere auf dem Gebiet des Straf- und Gewerberechts. Die entstehenden Gewerkschaften und vor allem von ihnen organisierte Arbeitskämpfe werden zu dieser Zeit mit den Mitteln des Vereins-, Gewerbe- und des Strafrechts bekämpft. Die §§ 152, 153 der Gewerbeordnung gewähren zwar die Möglichkeit, Vereinigungen und »Verabredungen zum Behufe günstiger Lohn- und Arbeitsbedingungen« zu treffen. Es darf aber kein Zwang oder Druck hierzu ausgeübt werden.

Selbst wenn es zu Vereinbarungen kommt, bleiben sie schwache Instrumente. Streiks sind zu dieser Zeit nicht nur notwendig, um überhaupt zu Einigungen zu gelangen, sondern auch um die Einhaltung der einmal geschlossenen Verträge zu erzwingen. Das geltende Privatrecht – auch nach Inkrafttreten des BGB – beinhaltet keine Möglichkeit für Arbeitnehmerinnen und Arbeitneh-

9 *Sinzheimer*, Der korporative Arbeitsnormenvertrag: Eine privatrechtliche Untersuchung, unveränd. Nachdruck von Teil 1 und Teil 2, Berlin 1977.

10 *Sinzheimer*, Ein Arbeitstarifgesetz: Die Idee der sozialen Selbstbestimmung im Recht, unveränd. Nachdruck der 1. Aufl. von 1916, Berlin 1977.

mer, Ansprüche aus diesen Verabredungen herzuleiten.[11] Dieser Umstand wird nun durch die Strafjustiz einigermaßen perfide genutzt. Der Streik dient aus ihrer Sicht dazu, den Arbeitgeber zu zwingen, etwas zu zahlen, worauf kein Anspruch besteht. Daher handele es sich bei Streiks um strafbare Erpressungshandlungen.[12] Sinzheimer wird viele vertreten, die deshalb vor Gericht stehen. Und auch die Gewerkschaften selbst werden nicht selten mit Schadenersatzklagen überzogen, um sie an ihrer Betätigung zu hindern.

Bis heute wirkt dieses Problem der Kaiserzeit im Arbeitskampf- und Tarifrecht fort. Arbeitskämpfe müssen nach der Auffassung des BAG, um rechtmäßig zu sein, bis heute einen Tarifbezug haben, sollen also nur zulässig sein, wenn sie auf tariflich regelbare Ziele ausgerichtet sind.[13] Dies wiederum veranlasst nun viele im Schrifttum und auch teilweise in der Rechtsprechung, nach »Grenzen der Tarifmacht«[14] zu suchen, die möglichst so gezogen werden, dass für die Beschäftigten zentrale Regelungsgegenstände nicht Inhalt von Tarifverträgen sein können und damit auch nicht erstreikbar sind. Überlegungen zu den Grenzen der Tarifmacht sind in der gegenwärtigen Konzeption des Arbeitskampfrechts immer auch Haftungsrisiken für Gewerkschaften. Diese wiederum behindern dann die Tarifpolitik, weil aus Angst davor, dass rechtswidrige Forderungen zu einer Haftung wegen eines rechtswidrigen Streiks führen, bestimmte Forderungen gar nicht erst erhoben werden. So überrascht es auch nicht, dass Arbeitgeber zunehmend das Potential entdecken, Gewerkschaften mit Schadenersatzforderungen wegen Streiks zu überziehen. In den USA ist unlängst im Fall von Greenpeace eindrucksvoll demonstriert worden, wie sich gesellschaftlich relevante Verbände in ihrer Existenz gefährden lassen, wenn sich ein einzelnes Gericht findet, dass sich auf eine Schadenersatzforderung einlässt.[15]

Das widerspricht Sinzheimers Sichtweise auf das werdende Arbeitsrecht fundamental. Wenn Gewerkschaften etwas als Regelungsgegenstand von Tarifverträgen verlangen, dann spricht der erste Anschein dafür, dass es sich dabei um eine Regelung der Arbeits- und Wirtschaftsbedingungen handelt, die deswegen durch Art. 9 Abs. 3 GG geschützt wird. Warum sonst sollte eine solche Regelung verlangt werden? Es geht Sinzheimer also nicht nur darum, Beschäftigten ihre Ansprüche aus dem Tarifvertrag zu sichern. Es soll auch verhindert

11 RG, 30.4.1903 – 895/03 – RGSt 36, 236.

12 RG, 6.10.1890 – 1893/90 – RGSt 21, 114.

13 BAG, 20.11.2018 – 1 AZR 189/17 – NZA 2019, 402 Rn. 28; BAG, 20.11.2012 – 1 AZR 179/11 – NZA 2013, 448 Rn. 111; BAG, 20.11.2012 – 1 AZR 611/11 – NZA 2013, 437 Rn. 49.

14 Dazu *Ulber*, AuR 2023, 1 ff.

15 *Paddison*, CNN Online 19.3.2025, *https://edition.cnn.com/2025/03/19/climate/greenpeace-found-liable-protests/index.html* (6.5.2025).

werden, dass Beschäftigte wie Gewerkschaften Haftungsrisiken tragen, wenn sie gegenüber der Arbeitgeberseite ihre Rechte durchsetzen.

2. Die Grundpfeiler des Tarifvertragsrechts

Sinzheimer hat sich an den beschriebenen Schwächen des Tarifvertrags abgearbeitet. Er wird zum Wegbereiter des Tarifvertragsrechts, wie wir es heute kennen. Auf seinen Vorarbeiten, beruht unser Tarifvertragsgesetz bis heute. Zwei wesentliche Aspekte, sind die unmittelbare und die zwingende Wirkung des Tarifvertrags. Beide beschreibt Sinzheimer in seinen Überlegungen zum korporativen Arbeitsnormenvertrag, sowie in seinem Entwurf für ein »Arbeitstarifgesetz« genauer, untersucht sie und unterbreitet schließlich einen Regelungsvorschlag.

Sinzheimer erkennt, dass der formal frei geschlossene Arbeitsvertrag ungeeignet ist, einen privatautonomen Interessenausgleich zwischen Beschäftigen und Unternehmen zu gewährleisten, der dem Leitbild der Privatautonomie entspricht. Deswegen müssen die Beteiligten befähigt werden, die Arbeitsbedingungen selbst auszuhandeln. Das ermöglicht die Tarifautonomie. So formuliert es bis heute das Bundesverfassungsgericht:

> *»Der Gestaltungsspielraum des Gesetzgebers findet seine Grenzen am objektiven Gehalt des Art. 9 Abs. 3 GG. Die Tarifautonomie muß als ein Bereich gewahrt bleiben, in dem die Tarifvertragsparteien ihre Angelegenheiten grundsätzlich selbstverantwortlich und ohne staatliche Einflußnahme regeln können. [...] Ihre Funktionsfähigkeit darf nicht gefährdet werden. Die Koalitionen müssen ihren verfassungsrechtlich anerkannten Zweck, die Arbeits- und Wirtschaftsbedingungen ihrer Mitglieder zu wahren und zu fördern, insbesondere durch den Abschluß von Tarifverträgen erfüllen können. Das Tarifvertragssystem ist darauf angelegt, die strukturelle Unterlegenheit der einzelnen Arbeitnehmer beim Abschluß von Arbeitsverträgen durch kollektives Handeln auszugleichen und damit ein annähernd gleichgewichtiges Aushandeln der Löhne und Arbeitsbedingungen zu ermöglichen.«*[16]

a) Die unmittelbare Wirkung

Sinzheimer erkannte wie viele andere, dass auf Grundlage der zivilrechtlichen Gesetze zu Beginn des 19. Jahrhundert der Tarifvertrag wirkungslos bleiben musste. Denn Verträge wirken nur zwischen denen, die sie abgeschlossen ha-

16 BVerfG, 4.7.1995 – 1 BvF 2/86, 1 BvF 1/87, 1 BVF 3/87, 1 BvF 4/87, 1 BvR 1421/86 – NZA 1995, 754.

ben. Das sind bei Tarifverträgen aber die Gewerkschaften und – im Regelfall – die Arbeitgeberverbände. Deswegen konnten Arbeitnehmerinnen und Arbeitnehmer ihre Arbeitgeber nicht auf Zahlung des im Tarifvertrag vereinbarten Lohns verklagen, da beide nicht unmittelbar durch den Vertrag verpflichtet waren. Sollten Tarifverträge ihre Funktion erfüllen, die Arbeitsbedingungen im Arbeitsverhältnis so zu regeln, dass die Arbeitnehmerinnen und Arbeitnehmer davon profitieren konnten, musste also ihre Wirkung im Arbeitsverhältnis begründet werden. Die elementare Bedeutung der unmittelbaren Wirkung des Tarifvertrags, also der Umstand, dass er im Arbeitsverhältnis wirkt, ohne dass seine Parteien dies vereinbaren müssen, hat Sinzheimer sehr praktisch vor Augen. Ohne die unmittelbare Wirkung muss der Tarifvertrag seinen Zweck verfehlen, die Arbeitsverhältnisse zu regeln und die Arbeitnehmerinnen und Arbeitnehmer zu schützen.

Darüber, ob dem geltenden Recht eine solche Möglichkeit durch den Rückgriff auf zivilrechtliche Instrumente, wie die Stellvertretung abgerungen werden kann, besteht zu jener Zeit lebhafter Streit. Die Leistung von Sinzheimer bestand darin – im Gegensatz zu manch anderen Rechtswissenschaftlern seiner Zeit –, nach und nach zu erkennen, dass eine solche Wirkung privatrechtlich bzw. jedenfalls auf Grundlage des geltenden Privatrechts nicht begründet werden kann und es daher einer gesetzlichen Regelung bedurfte, die die autonome Rechtssetzung durch die beiderseitigen Organisationen anerkennt.

Diese Verwiesenheit der Tarifautonomie auf den staatlichen Beitrag erklärt auch die dringende Notwendigkeit ihrer Konstitutionalisierung, weil sie ansonsten zum Spielball politischer Präferenzen gemacht werden kann. Das ist kein Widerspruch zu Sinzheimers Kritik am Rechtspositivismus. Er begreift die Entwicklung seines Vorschlags als legislative Rechtswissenschaft und fragt:

> »*Welche rechtlichen Formen müssen vorhanden sein, damit sich bestimmte soziale Zwecke ohne Widerspruch und Hemmung verwirklichen können?*«[17]

Er hat deswegen unter anderem in seinem Buch »Ein Arbeitstarifgesetz« 1916 vorgeschlagen, die unmittelbare Wirkung durch den Gesetzgeber regeln zu lassen.[18] Im Entwurf eines Arbeitstarifgesetzes steht dies direkt in § 1, was hervorhebt, dass dies der wichtigste Aspekt des Gesetzes war.[19] Diese Regelung findet dann 1918 ihren Weg in die Tarifvertragsverordnung[20], die zwar im Arbeits-

---

17 *Sinzheimer* (Fn. 10), S. 7.

18 *Sinzheimer* (Fn. 10).

19 *Sinzheimer* (Fn. 10).

20 »Verordnung über Tarifverträge, Arbeiter- und Angestelltenausschüsse und Schlichtung von Arbeitsstreitigkeiten« vom 23.12.1918.

ministerium ohne Mitwirkung von Sinzheimer entworfen wird, aber sehr deutlich auf seine Vorarbeiten verweist.

b) Die zwingende Wirkung

Des Weiteren greift Sinzheimer ein Problem auf, das ebenfalls zu seiner Zeit verbreitet diskutiert wird. Selbst wenn Tarifverträge unmittelbar wirken, behalten die durch sie begründeten Ansprüche und Rechte eine Schwäche. Sinzheimer schreibt:

> *»Tarifverträge haben rechtlich keinen Wert, wenn entgegenstehende Arbeitsverträge abgeschlossen werden können.«*[21]

Arbeitnehmerinnen und Arbeitnehmer sind – wenn wir einmal von atypischen Fällen absehen – bei Abschluss und Vollzug des Arbeitsverhältnisses der anderen Seite ausgeliefert, die weitestgehend die Vertragsbedingungen festlegt. Deswegen hilft die unmittelbare Wirkung von Tarifverträgen nichts, wenn beide Parteien vereinbaren können, dass stattdessen andere Regelungen gelten sollen, zum Beispiel ein geringerer Lohn. Sinzheimer hat deswegen vorgeschlagen, dass neben der unmittelbaren Wirkung des Tarifvertrags auch seine zwingende Wirkung geregelt wird. Das bedeutet, dass durch einen Arbeitsvertrag keine schlechteren Bedingungen als im Tarifvertrag vereinbart werden können und man auf den Anspruch aus dem Tarifvertrag auch nicht vorab verzichten kann. Gerade dies beißt sich in besonderer Weise mit dem Gedanken privatautonomer Gestaltungsfreiheit. Das Günstigkeitsprinzip versöhnt den Schutzgedanken der zwingenden Wirkung, mit der mit ihr verbundenen Beschränkung der Vertragsfreiheit. Günstigere Vereinbarungen sind stets möglich und wirksam.

c) Die Wirkung heute

Diese Prinzipien der unmittelbaren und zwingenden Wirkung des Tarifvertrags sind bis heute im Tarifrecht verankert und bilden die Grundlage für die Tarifautonomie in Deutschland. Unlängst ist das auch wieder in der – in dieser Hinsicht sehr erfreulichen – Entscheidung des BVerfG zur Bindung der Tarifvertragsparteien an Art. 3 Abs. 1 GG angesprochen worden:

> *»Den Zweck, die Arbeits- und Wirtschaftsbedingungen zu fördern, können die von Art. 9 Abs. 3 Satz 1 GG geschützten Koalitionen nur dann erreichen, wenn die durch sie abgeschlossenen Vereinbarungen Rechtswirkungen in den Individualarbeitsverhältnissen der Tarifgebundenen entfalten. Diese rechtsverbindliche Wirkung der Tarifverträge im beidseitig tarifge-*

21 *Sinzheimer* (Fn. 10), S. 104.

bundenen Arbeitsverhältnis wird vom Schutz der Tarifautonomie nach Art. 9 Abs. 3 Satz 1 GG erfasst.«[22]

Sinzheimer hätte sich über diese Passagen der Entscheidung sicherlich sehr gefreut, stimmen sie doch mit seinen Vorüberlegungen für die Grundkoordinaten des Tarifvertragsrechts überein. Er hätte sicherlich gerne erlebt, dass sowohl seine verfassungsrechtlichen Vorarbeiten in der Weimarer Reichsverfassung als auch ihr Aufgehen im Grundgesetz dazu geführt haben, dass die wichtigste Funktion des Tarifvertrags nicht nur einfachrechtlich geregelt, sondern auch als verfassungsrechtlich geboten angesehen wird.

d) Die Nachbindung und Nachwirkung

Einen Nachsatz in diesem Zusammenhang noch zur Frage der Bindung an den Tarifvertrag. Wenn Ausgangspunkt der Tarifbindung auf Arbeitgeberseite die Mitgliedschaft im Arbeitgeberverband ist, stellt sich die Frage nach den Wirkungen eines Austritts aus dem Verband.

Das geltende Recht hat die Tarifflucht schon immer als regelungsbedürftiges Problem und nicht als natürliche Entscheidungsoption angesehen. Das zeigt sich etwa an den heutigen Regelungen zur Nachbindung (§ 3 Abs. 3 TVG) und zur Nachwirkung (§ 4 Abs. 5 TVG) des Tarifvertrags. Diese bewirken, dass man bei einem Verbandsaustritt bis zum Ende seiner Laufzeit an ihn gebunden bleibt und seine Regelungen auch danach weitergelten, bis eine neue Regelung gefunden wurde.

Sinzheimer schreibt dazu im Arbeitstarifvertrag:

> *»Wenn es dissentierende Mitglieder in der Hand hätten, aus dem Verband auszutreten, sobald ihnen der Tarifvertrag nicht passt, den ihr Verband geschlossen hat, so wäre dieser Tarifvertrag in seinem Bestand gefährdet. Tarifverträge werden geschlossen, weil für alle Beteiligten, die man im Auge hat, die gleichen Bedingungen gelten sollen. Nun entzieht sich eine Anzahl dieser Beteiligter nach dem Tarifabschluss durch Vereinsaustritt der Tarifgeltung. Sie würden damit die Voraussetzungen zerstören, unter denen die übrigen Beteiligten bei ihrer Zustimmung zum Tarifvertrag ausgegangen waren.«*[23]

---

22 BVerfG, 11.12.2024 – 1BvR 1109/21, 1BvR 1422/23 – AP GG Art. 9 Nr. 157, Rn. 147.
23 *Sinzheimer* (Fn. 10), S. 90.

Und weiter:

> »*[...] Solchen Obstruktionsgelüsten darf das Recht nicht entgegenkommen. Es muss einsehen, dass mit den Methoden eines individualistischen Rechtsdenkens der soziale Sinn des Tarifvertrags nicht zum Ausdruck kommen kann.*« [24]

Auf den letzteren Gedanken wird noch zurückzukommen sein.

e) Zusammenfassung

Zusammenfassend lässt sich an dieser Stelle aber sagen, dass die unmittelbare und die zwingende Wirkung des Tarifvertrags die tragenden Säulen der Tarifautonomie im TVG sind. Beide beruhen auf Vorüberlegungen Sinzheimers und greifen diese auf. Nicht nur dies zeigt die nach wie vor beeindruckende Wirkung von Sinzheimer im aktuellen Tarifrecht.

IV. Die verfassungsrechtliche Verankerung der Tarifautonomie

Damit komme ich zur Bedeutung von Sinzheimer für das Verfassungsrecht, soweit es das Arbeitsrecht betrifft. Sinzheimer wird Anfang 1919 für die SPD in den Reichstag gewählt und wird wenig später Mitglied des Verfassungsausschusses, dem die Aufgabe zukommt, den Entwurf der Weimarer Reichsverfassung auszuformulieren. Sinzheimer wirkt unter anderem mit Blick auf Art. 159 WRV als auch Art. 165 WRV intensiv mit. Beide Regelungen gemeinsam sind Ausgangspunkt für den Art. 9 Abs. 3 GG, auch wenn bisweilen im Schrifttum versucht wird, dies für Art. 165 WRV zu negieren.

Diese Verfassungsartikel formulieren, genau wie das Grundgesetz, sehr offen die Grundkoordinaten der Gewährleistung der Koalitionsfreiheit. Das verdeutlicht ein Zitat von Sinzheimer aus der Diskussion des Verfassungsentwurfs am 21. Juli 1919:

> »*Es wird ausdrücklich ausgesprochen, dass das Hauptmittel für die wirtschaftliche Besserstellung, die Koalitionsfreiheit, verfassungsmäßig gewährleistet ist und zwar auch den sozialen Gewalten gegenüber, nicht nur dem Staat gegenüber.*«[25]

---

24 Ebd.

25 Nationalversammlung, 62. Sitzung, S. 1750.

Und weiter:

> *»Man ist sich wohl darüber einig gewesen, daß es nach wie vor die Aufgabe der freien Berufsverbände ist und sein soll, die Arbeits- und Lohnbedingungen durch Tarifverträge [...] zu regeln [...]«*[26]. *»Nur die freien Berufsverbände haben auch die Schmiegsamkeit und die Anpassungsfähigkeit, die erforderlich sind, um die Arbeits- und Lohnbedingungen entsprechend den besonderen wirtschaftlichen Bedürfnissen in den einzelnen Fällen zu regeln.«*[27]

Mit diesen Erwägungen legt Sinzheimer auch zugleich dar, warum diese Aufgabe nicht etwa den damals ebenfalls in der Verfassung geregelten Räten und aus heutiger Perspektive nicht den Betriebsparteien übertragen werden kann:

> *»Diese eignen sich ihrer Natur nach zur Festsetzung der Arbeits- und Lohnbedingungen nicht. Dazu gehören Kampforganisationen, dazu gehören Kampffonds mit denen eventuell ein wirtschaftlicher Kampf geführt werden kann.«*[28]

Auch wenn Sinzheimer damals die Betriebsverfassung heutiger Bauart noch nicht vor Augen hatte, beschreibt er bereits sehr gut, warum aus verfassungsrechtlicher Perspektive Abweichungen durch Betriebsvereinbarungen von Tarifverträgen nicht zugelassen werden dürfen und durch § 77 Abs. 3 BetrVG auch grundsätzlich verboten sind, wenn die Tarifvertragsparteien sie nicht zugelassen haben. Und er zeigt auch auf, warum sich Unternehmen die Möglichkeit solcher betrieblicher Bündnisse gegen den Tarifvertrag wünschen: Betriebsräten fehlt mit dem Arbeitskampf eine der Gewerkschaft vergleichbare Möglichkeit zur Gegenmachtbildung bei Entgeltverhandlungen.

Sinzheimer ist nicht alleine für die Artikel der Reichsverfassung verantwortlich und muss auch den einen oder anderen Kompromiss eingehen. Schmerzhaft muss für ihn sein, dass das zwingende Gegenstück zur Gewährleistung der Koalitionsfreiheit, die Arbeitskampffreiheit, ihren Weg nicht in den Verfassungstext findet. Ursache ist – wie später im Fall des Grundgesetzes –, dass man sich über ihre Schranken nicht klar ist. Die moderne Grundrechtsdogmatik war noch unbekannt.

---

26 Nationalversammlung, 62. Sitzung, S. 1751.

27 Ebd.

28 Ebd.

Aber Sinzheimer mag schon damals erkannt haben, dass die Verfassung stets unter Berücksichtigung der tatsächlichen gesellschaftlichen, ökonomischen und sozialen Verhältnisse ausgelegt und angewandt werden muss. Deswegen reicht ihm vermutlich die Einsicht, dass Koalitionsfreiheit ohne Streikrecht keinen Sinn macht. Die Rechtsprechung des BAG hat später beherzt und durchaus nicht fernab von Sinzheimers Vorstellungen das Arbeitskamprecht ausgeformt und aus der Verfassung hergeleitet.[29] Das BVerfG hat diese Rechtsfortbildung ohne gesetzliche Grundlage zumindest geduldet[30] und nach der aktuellen Rechtsprechung darf man optimistisch sein, dass es dabei bleibt.

V. Die autonome Ordnung des Wirtschaftslebens

Sinzheimer verweist aber nicht nur auf die bessere Eignung der Koalitionen, die Arbeits- und Wirtschaftsbedingungen zu bestimmen. Sinzheimer schwebt eine Wirtschaftsdemokratie vor, in der Arbeitnehmerinnen und Arbeitnehmer an den Entscheidungen, die sie betreffen, durch Beteiligung und Mitbestimmung mitwirken. Soziale Selbstbestimmung durch autonom mit der Gegenseite ausgehandeltes Recht, das jenseits der staatlichen Ordnung geschöpft wird, soll das Arbeitsleben nicht nur gestalten, sondern auch demokratisieren. Diesen Prozess soll der Staat begleiten, indem er die Funktionsvoraussetzungen für den Interessenausgleich schafft und sich ansonsten zurückhält.

Sinzheimers Modell der autonomen Regulierung setzt allerdings voraus, dass starke Gewerkschaften existieren, die die Arbeitgeberseite zu Regelungen zwingen können, die dem Leitbild der Privatautonomie entsprechen. Aber zur Realität gehört, dass das heute in manchen Sektoren nicht mehr gewährleistet ist. Allfällige weiße Flecken – oder eher schwarze Löcher – finden sich in der Tariflandschaft.

In dieser Lage gibt es zwei Möglichkeiten. Man ignoriert das Problem um den Preis, dass in manchen Sektoren weder staatliches Recht noch Tarifvertrag die Menschen schützen. Oder aber man schließt die Schutzlücken durch staatliches Recht und stärkt die Tarifautonomie.

Den letzteren Weg ist man nur zögerlich gegangen. Der gesetzliche Mindestlohn ist ein deutliches Zeichen dafür, dass die sozialen Missstände, die Funk-

29 Seit BAG, 28.1.1955 – GS 1/54 – AP Nr. 1 zu Art 9 GG (Arbeitskampf).

30 BVerfG, 26.6.1991 – 1 BvR 779/85 – NZA 1991, 809; BVerfG, 26.3.2014 – 1 BvR 3185/09 – NZA 2014, 493.

tionsstörungen der Tarifautonomie erzeugen, mittlerweile so groß sind, dass sie nicht mehr hinnehmbar sind. Die Stärkung der Tarifautonomie wird demgegenüber sehr zögerlich angegangen. Abgesehen von der Modernisierung des Verfahrens der Allgemeinverbindlichkeit, die es auch zu Sinzheimers Zeiten schon gab, ist politisch vieles in Ansätzen stecken geblieben, nicht nur das so dringend benötigte Tariftreuegesetz auf Bundesebene. Dieses hat nunmehr erneut seinen Weg in den Koalitionsvertrag gefunden.[31] Es bleibt abzuwarten, ob es dieses Mal umgesetzt wird. Es ist richtig, wenn auch die Richtlinie über angemessene Mindestlöhne in der Europäischen Union[32] vom Gesetzgeber Maßnahmen fordert, um eine hohe Tarifbindung sicher zu stellen. Es ist auch richtig, wenn der Gesetzgeber weitere Maßnahmen zur Stärkung der Tarifbindung ergreift, wie sie unlängst über 100 Professorinnen und Professoren beispielsweise aus der Rechtswissenschaft, Ökonomie und den Sozialwissenschaften gefordert haben.[33] Hinter dem Streit über die dazu notwendigen Maßnahmen steht aber eine Frage über das Verständnis der Tarifautonomie und dazu möchte ich Ihnen am Schluss ein paar Gedanken mitgeben.

VI. Sinzheimer und die Lehre von der kollektiv ausgeübten Privatautonomie

Fassen wir die Tarifautonomie noch einmal in der Konzeption Sinzheimers zusammen. Die Tarifautonomie kompensiert die strukturelle Unterlegenheit der Beschäftigten bei Abschluss und Vollzug des Arbeitsvertrags. Hier wird etwas deutlich: Das durch die Tarifautonomie kompensierte Defizit besteht nur auf einer Seite des Vertrags. Denn die Arbeitgeberseite ist mit oder ohne Tarifautonomie verhandlungsstark. Sie duldet die Tarifautonomie allenfalls deshalb, weil sie bestimmte ökonomische Vorzüge hat oder der Druck zu groß ist. Aber die Beschäftigten erhalten etwas, was sie zuvor nicht in den Händen hielten: Verhandlungsmacht und die Möglichkeit gleichwichtiger Verhandlungen. Tarifautonomie ist eben mehr als die Summe der Privatautonomie der Arbeitnehmerinnen und Arbeitnehmer. Denn ein Vielfaches von Null bleibt Null. Deswegen ist Tarifautonomie – wenn überhaupt – kollektiv hergestellte Privatautonomie.[34]

31 Verantwortung für Deutschland, Koalitionsvertrag zwischen CDU, CSU und SPD, 21. Legislaturperiode, S. 18, Z. 552–556.

32 RL (EU) 2022/2041 vom 19.10.2022 über angemessene Mindestlöhne in der Europäischen Union.

33 *https://www.boeckler.de/pdf/aufruf_wissenschaftler_innen_fuer_die_staerkung_der_tarifbindung.pdf* (6.5.2025).

34 Ausf. *Ulber*, in: Däubler (Hrsg.), Tarifvertragsgesetz, 5. Aufl., Baden-Baden 2022, Einl. C Rn. 353 ff.

Gleichwohl wird heute die Tarifautonomie in bemerkenswerter Weise von der Arbeitgeberseite gefeiert und verteidigt. Warum ist das so?

Wenn zum einen klar ist, dass sich politische Maßnahmen zur Stärkung der Tarifautonomie politisch wirksam begrenzen und verhindern lassen und gleichzeitig die Gewerkschaften immer schwächer werden, dann ist viel Tarifautonomie und wenig staatliches Recht gut für Unternehmen. Sinzheimers Idee der Selbstbestimmung wird so zu einer Destruktivanordnung gegenüber dem Sozialstaat mutiert.

Aber das widerspricht ihrem Zweck und ihrer Entstehungsgeschichte. Die Tarifautonomie ist doch vor allem deshalb entstanden, weil der Staat sich nicht um die Menschen gekümmert hat und nicht damit er das nicht tut, mithin um staatliche Regelungen zu verhindern. Die Tarifautonomie kompensiert nicht die strukturelle Unterlegenheit von Arbeitnehmerinnen und Arbeitnehmern, damit diese aufrechterhalten wird. Staatliche Schutzgesetzgebung und Tarifverträge haben das gleiche Ziel, Mindeststandards zu setzen und so die Funktionsdefizite der Privatautonomie zu beheben. Diese Instrumente gegeneinander auszuspielen wäre wohl kaum im Sinne Sinzheimers.

VII. Individuelle und kollektive Freiheit im Tarifrecht

Und nun zum Verständnis von Tarifautonomie. Bekanntermaßen hat das Bundesverfassungsgericht unlängst in seinem von mir schon mehrfach zitierten Beschluss zur Bindung der Tarifvertragsparteien an Art. 3 Abs. 1 GG folgendes ausgeführt:

> *»Die Aufgabe des sogenannten Delegationsansatzes durch das Bundesarbeitsgericht in der Annahme, dass Tarifnormen auf kollektiver Privatautonomie beruhten, und die sich hieraus ergebenden Begründungsansätze für eine mittelbare Grundrechtsbindung wurden dann im Schrifttum grundsätzlich konsentiert.«*[35]

Diese Darstellung ist mindestens oberflächlich, unvollständig und undifferenziert, weil große Teile des Schrifttums der Lehre von der kollektiv ausgeübten Privatautonomie nicht folgen, weil sie die eigenständige Seite der kollektiven

35 BVerfG, 11.12.2024 – 1BvR 1109/21, 1BvR 1422/23 – AP GG Art. 9 Nr. 157, Rn. 9.

Koalitionsfreiheit negiert.[36] Zudem existieren eine solche Vielfalt an – teilweise miteinander nur schwer vereinbaren – Lesarten und Interpretationen dieser Lehre, dass mittlerweile unklar ist, ob sie überhaupt noch einen kohärenten Inhalt hat. Dem Bundesverfassungsgericht soll daher nicht unterstellt werden, dass es die hier untersuchte ursprüngliche Variante dieser Theorie teilt und die Entscheidung gibt auch hinreichenden Anlass, daran zu zweifeln. Schauen wir uns das Original dieser Theorie einmal genauer an und beziehen wir Sinzheimers Überlegungen ein:

Vordergründig und von ihr auch ganz in den Vordergrund geschoben, geht es der Theorie von der kollektiv ausgeübten Privatautonomie darum, zu erklären, warum der Tarifvertrag für die Verbandsmitglieder gilt. Sie will dies als Ausdruck der Beitrittsentscheidung sehen. Das klingt nach Freiheit, zielt aber auf Fesseln.

Das wird deutlicher erkennbar, wenn wir uns die Funktion der Tarifautonomie vergegenwärtigen und die von Sinzheimer so betonte Rolle der Tarifvertragsparteien in den Blick nehmen. Die kollektive Koalitionsfreiheit ist Gewerkschaften und Arbeitgeberseite als eigenständiges Grundrecht zugewiesen. Sie sind von der Verfassung als Akteure des kollektiven Arbeitsrechts anerkannt. Ich erinnere an Art. 165 S. 2 der Weimarer Reichsverfassung: Die beiderseitigen Organisationen und ihre Vereinbarungen werden anerkannt. Von den Mitgliedern ist dort keine Rede. Gewährleistet ist den Verbänden eine eigenständige Autonomie. Sie verfügen selbst und nicht abgeleitet über das Recht zur Normsetzung. Das führt uns unweigerlich dazu, dass wir etwas erkennen können, worauf die Theorie von der kollektiv ausgeübten Privatautonomie mit aller Gewalt den Blick verstellen will.

Das eigentliche Ziel der Theorie der kollektiv ausgeübten Privatautonomie ist es, Handlungsmöglichkeiten von Tarifvertragsparteien zu beschränken und die Wirksamkeit der Tarifautonomie zu beeinträchtigen. So wird vertreten, wenn der individuelle Beitritt die Tarifgeltung erklärt, dann könne die kollektive Koalitionsfreiheit nicht weiterreichen. Das aber ist keine Erklärung, sondern eine Einschränkung der Tarifautonomie. Zudem negiert sie wegen dieser individualistischen Konzeption weitgehend eigene autonome Rechte der Koalitionen zur Normsetzung, die gegenständlich weit zu fassen sind. Was die Mitglieder nicht im Arbeitsvertrag regeln könnten, sollen Gewerkschaften auch nicht im Tarifvertrag mit Normwirkung vereinbaren können. Wir sehen auch hier: Es geht nicht darum zu erklären, was Tarifverträge regeln können.

---

36 Ausf. dazu *Klocke*, Tarifautonomie und Außenseiter, Tübingen 2023 (zugl. Halle-Wittenburg, Univ., Diss. 2022).

Es geht eigentlich darum, was sie nicht können und das sind dann typischerweise Regelungen, die besonders wichtig wären, wie Standortzusagen und vieles mehr. Gestreikt werden soll für solche Forderungen dann am besten auch nicht.

Der Theorie von der kollektiv ausgeübten Privatautonomie geht es darum, zu erklären, warum es nicht nur in Ordnung ist, keine Tarifgeltung zu wollen, sondern darüber hinaus Möglichkeiten und Wege zu öffnen, die Tarifgeltung abzustreifen, zu verhindern oder zu gestalten. Sie schützt im Kern nicht den Tarifvertrag, sondern die Tarifflucht. Sie will dem Arbeitgeber die Entscheidungsgewalt darüber geben, ob und wie lange und welcher Tarifvertrag für ihn gilt und diese Entscheidung rechtlich so abzusichern, dass die Gewerkschaften und der Gesetzgeber nichts dagegen tun können, auch da wo es notwendig wäre, damit das Tarifvertragsrecht funktioniert. Nichts wird von ihr mehr problematisiert als die Frage, ob ein Tarifvertrag gelten darf, wobei immer nach Möglichkeiten gesucht wird, dies abzuwehren.

Und es gelingt ihr sehr erfolgreich, dieses Ziel so abstrakt, indirekt und verbrämt zu verfolgen, dass sie damit sehr erfolgreich ist. Sie tut so, als ginge es ihr um die Freiheit, die sie eigentlich zerstören soll. Sie wirbt mit Respekt vor dem Grundrecht, das sie zutiefst verachtet, und sie suggeriert denen, die sich auf sie berufen, Macht und Gestaltungsmöglichkeiten, die gerne in Anspruch genommen werden.

Was sagt uns Sinzheimer dazu? Er muss doch auf die Eigenständigkeit der kollektiven Koalitionsfreiheit, die den Verbänden als eigene und nicht lediglich abgeleitete Betätigungsgarantie zugewiesen ist, verweisen. Wer diese Eigenständigkeit der kollektiven Koalitionsfreiheit als Gewährleistung von Autonomie anerkennt, kann der Theorie von der kollektiv ausgeübten Tarifautonomie nicht folgen. Mit Blick auf den Zweck der Koalitionsfreiheit, die strukturelle Unterlegenheit von Arbeitnehmern zu kompensieren, ist es dann sehr einfach, tarifvertragliche Gestaltungsmöglichkeiten weit zu fassen und sie umfassend verfassungsrechtlichem Schutz zu unterstellen. Wir erinnern uns an die Überlegungen von Sinzheimer zur Nachbindung. Der Witz bei der Tarifautonomie ist doch gerade, dass sie gelegentlich über den Kreis der Koalierten hinauswirken muss, damit sie funktionieren kann. Nochmals Sinzheimer:

> *»[...] mit den Methoden eines individualistischen Rechtsdenkens [kann] der soziale Sinn des Tarifvertrags nicht zum Ausdruck kommen.«*[37]

37 *Sinzheimer* (Fn. 10), S. 90.

Tarifgeltung ist das Ergebnis von Normen, die der Staat geschaffen hat, damit die Tarifautonomie funktioniert. Für welche Personen dieses Normen deswegen wirken oder wirken müssen, ergibt sich nicht aus Beitrittsentscheidungen, sondern aus Art. 9 Abs. 3 GG unmittelbar.[38] Ganz umgekehrt, als es die Vertreter der Theorie von der kollektiv ausgeübten Privatautonomie meinen, folgt also nicht aus der Beitrittsentscheidung der Geltungsgrund für die Tarifautonomie, sondern aus der Tarifautonomie, dass der Tarifvertrag für die Mitglieder der Verbände gelten muss – aber eben nicht notwendigerweise nur für sie.

Und wenn Tarifvertragsparteien tatsächlich mit den Wirkungen ihrer Normen über den Kreis ihrer Mitglieder hinausgreifen, weil das für ihre Normsetzung erforderlich ist, ist es nicht Ausdruck von Tarifautonomie, sondern stattdessen ein Eingriff in die Tarifautonomie, wenn man ihnen das versagt. Rechtfertigen kann man diesen Eingriff freilich damit, dass man auf die individuelle Freiheit verweist. Aber das wäre dann eben auch offen und ehrlich als Auflösung einer Grundrechtskollision und nicht als Grundrechtsinterpretation einzukleiden. Das bestehende Abwägungsproblem, das daraus folgt, lässt sich lösen, und zwar im Sinne maximaler Freiheit für alle.[39]

VIII. Ein Fazit

Mit diesen eher grundsätzlichen Überlegungen möchte ich nunmehr zum Schluss kommen.

Sinzheimer hat mit seinen Gedanken dazu beitragen wollen, dass Menschen in Freiheit und selbstbestimmt ihr Leben oder jedenfalls einen ganz wesentlichen Teil davon – die Arbeit – gestalten können. Von Sinzheimer können wir aber noch etwas anderes lernen, nämlich dass die Tarifautonomie ein wichtiger Bestandteil demokratischer Gesellschaften ist und zu ihrer Stabilisierung beiträgt. Mit ihr sind Erfahrungen von Selbstwirksamkeit verbunden. Gerade in unserer Zeit sind solche Erlebnisse gemeinsamer Handlungsfähigkeit wichtig.

Sinzheimer erinnert uns aber auch daran, dass das von ihm mit entworfene System fragil ist, weil es von rechtlicher Anerkennung und einem hinreichenden Rechtsrahmen für die Entfaltung abhängt. Das macht die Tarifautonomie

38 *Klocke* (Fn. 38).

39 An dieser Stelle wurden im Vortrag noch ein paar Gedanken zur Rechtsprechung des BAG zu tarifvertraglichen Differenzierungsklauseln eingeschoben. Was dazu zu sagen ist, lässt sich beim derzeitigen Vorsitzenden des 4. Senats des BAG nachlesen, der an diesen Entscheidungen nicht persönlich beteiligt war: *Treber*, in: Schaub (Begr.), Arbeitsrechts-Handbuch, 20. Aufl., München 2023, § 200 Rn. 25 aE. mwN.

anfällig gegenüber politischen Angriffen und verdeutlicht die Notwendigkeit, sie in der Verfassung zu verankern.

Dass Sinzheimer dabei mitgewirkt hat, der Tarifautonomie diese Resilienz mitzugeben und sie zu stärken, zu einer Zeit, als das Potential der Grundrechte zumindest noch nicht vollständig abzusehen war, ist schon Lebensleistung genug. Eine weitere besondere Leistung liegt darin, dass er die Eigenständigkeit und Funktion der kollektiven Koalitionsfreiheit herausgearbeitet hat.

Mich persönlich hat gleichwohl der Mensch Sinzheimer und sein Werdegang am meisten beeindruckt. In seinen Schriften spürt man, dass er den Menschen zugewandt und sensibel für menschliche Bedürfnisse war. Ihm war ein menschlicheres Recht ein Anliegen. Es ging ihm um materielle Gerechtigkeit statt formaler Freiheit. Und vor allem seine Forderung, immer die tatsächlichen sozialen Verhältnisse im Blick zu behalten und das Recht – wo notwendig – modern zu gestalten, hat er uns als Aufgabe mitgegeben. Ich hoffe sehr, das moderne Arbeitsrecht wird dem in Zukunft gerecht.

Vielen Dank für Ihre Aufmerksamkeit!

Podiumsbeitrag „Hugo Sinzheimer and Otto Kahn-Freund"

Prof. Dr. Ruth Dukes, School of Law, University of Glasgow

Introduction

If we wish to assess the influence of Hugo Sinzheimer's scholarship on labour law in the UK, then we must first introduce the figure of Otto Kahn-Freund (1900-1979). Just as Sinzheimer may be regarded as one of the central figures in the story of the development of labour law in Germany, so Kahn-Freund's scholarship is understood to be seminal for British labour law.

Kahn-Freund was born in Frankfurt to a middle-class, liberal Jewish family.[1] Having attended the city's Goethe Gymnasium, he studied law and went on to complete a PhD under Sinzheimer's supervision on the legal effect of collective agreements. For some years he worked in Berlin as a labour court judge until he was expelled from the judiciary in early 1933 in accordance with the Civil Service Restoration Act. He soon fled with his wife Liesel to England,[2] and eventually had a second long and singularly successful career as a Professor of Law, first at the London School of Economics and then at Oxford University. Still today, he is widely regarded as the 'founding father' of UK labour law – by which I mean 'labour law' as a distinct field of legal scholarship and higher education. In the words of Lord Wedderburn, Kahn-Freund constructed in his writings an 'analytical edifice', that has housed scholars in the field ever since.[3]

As a UK-based legal academic, I first came across Sinzheimer through an interest in Kahn-Freund's 'analytical edifice'. In my doctoral research, which investigated the British and German models of workplace worker representation, I had reason to compare the different theorisations of labour law offered by Sinzheimer and Kahn-Freund, and to give detailed consideration to the ques-

1 See generally M Freedland, 'Otto Kahn-Freund (1900-1979)' in J Beatson and R Zimmerman (eds), *Jurists Uprooted: German-Speaking Émigré Lawyers in Twentieth Century Britain* (OUP 2004); H Ludyga, *Otto Kahn-Freund (1900-1979): Ein Arbeitsrechtler in der Weimarer Zeit* (De Gruyter 2016).

2 R Zahn and M Kullmann, 'Discovering the Contributions of Academic Wives to the Development of Labour Law: Liesel Kahn-Freund' (2025) 54(1) *Industrial Law Journal* 1–23.

3 Lord Wedderburn, (1971) *Bulletin of Industrial Law Society*, cited Lord Wedderburn, 'Otto Kahn- Freund and British Labour Law' in Lord Wedderburn, R Lewis and J Clark (eds), *Labour Law and Industrial Relations: Building on Kahn-Freund* (Oxford: Clarendon Press,1983), 39.

tion, how the latter's pre-existing knowledge of Sinzheimer's writings and of labour law in the Weimar Republic had eventually shaped his analysis of British law.[4] A particular point of interest here was the role ascribed by each author to the state and to formal 'state' law. Whereas Sinzheimer had ascribed a fairly central role to the Weimar state in overseeing and defining the scope of free collective bargaining and codetermination, Kahn-Freund famously and emphatically rejected such extensive state involvement. The hallmark of the post-war British system, he wrote with approval, was 'the retreat of the law from industrial relations and of industrial relations from the law'.[5] Moreover, this 'retreat of law' was an indication of the strength of the trade unions and of free collective bargaining, since 'what the state has not given, the state cannot take away'.[6] From today's perspective, I concluded, Kahn-Freund's desire to emphasise the desirability of *autonomy* in industrial relations had led him to overlook or obscure, in places, the importance of state support to the establishment and maintenance of free collective-bargaining.[7] This had come to light quite dramatically, of course, in the years following Kahn-Freund's death, as the Conservative Government under Margaret Thatcher had set about withdrawing all forms of state support.

The Labour Constitution

In the course of these studies, I became especially interested in Sinzheimer's idea of the 'Labour Constitution' or Arbeitsverfassung. By labour constitution, Sinzheimer meant, in essence, the body of law that allowed for the collective regulation of the economy by the 'economic organisations': the trade unions, works councils, employers and employers' associations. In a book published in 2014,[8] I undertook an extended analysis of Sinzheimer's writings in order to argue that the idea of the labour constitution could be developed so as to provide a useful framework today for the analysis of labour law. The title of the book was *The Labour Constitution: the Enduring Idea of Labour Law*. My motivation in writing it was dissatisfaction with a move made by some scholars, especially in the UK, to reconceive of labour law as the 'law of the labour market'. In contrast with such 'law of the labour market' approaches, I argued that the labour

4 This research was eventually published as R Dukes, 'Constitutionalizing Employment Relations: Sinzheimer, Kahn-Freund and the Role of Labour Law' (2008) 35(3) *Journal of Law and Society* 341-363; R Dukes, 'Otto Kahn-Freund and Collective Laissez-Faire: an Edifice without a Keystone?' (2009) 72(2) *Modern Law Review* 220-246.

5 O Kahn-Freund, 'Labour Law' in M Ginsberg (ed), *Law and Opinion in England in the 20th Century* (Stevens 1959), 225.

6 Kahn-Freund, 'Labour Law', 244.

7 Dukes, 'Otto Kahn-Freund and Collective Laissez-Faire'.

8 R Dukes, *The Labour Constitution: the Enduring Idea of Labour Law* (Oxford University Press, 2014).

constitution remained useful as a framework for studying labour law precisely because it highlighted the inherently *political* nature of labour laws and institutions in addition to their economic functions.

In the past five years or so, there has been great interest among legal scholars, especially in the USA, in so-called 'law and political economy' approaches to the study of law.[9] In 2014, the term 'law and political economy' was not yet much in use, but what I argued, in effect, was that Sinzheimer's analysis, and the concept of the 'labour constitution' in particular, allowed for a 'law and political economy' approach to the study of labour law, rather than a less helpful 'law and economics' approach focused on the market and notions of economic efficiency and flexibility.[10] The term 'Arbeitsverfassung' was not coined by Sinzheimer; we also find it for example in the work of Max Weber. In Sinzheimer's writing, however, it was used to draw attention to questions of power in a capitalist economy and to the necessity of democratising the economy as part of the broader project to establish political democracy, or social democracy, at the end of the First World War. The main claim of my book, then, was that 'used as a framework for scholarly analysis' the labour constitution focuses our attention 'on important questions and important fields of enquiry' including 'the consequences for workers of the narrowing and disappearance of spaces for democratic deliberation and democratic decision-making as markets continue to expand'.[11]

Sinzheimer's Influence on UK Labour Law?

Did Sinzheimer's scholarship shape labour law in the UK? Especially when looking back to the early and mid-twentieth centuries, to a time when referencing conventions were not as stringent as they are today, it can be difficult to identify influence of this sort with any degree of certainty. In the case of Sinzheimer and the UK, the matter is complicated by the fact that, in the fields of labour law and industrial relations, there was cross-pollination of ideas for a long time, both before and after Sinzheimer's key works were published. Indeed, it is possible to trace an exchange of ideas across the German Sea, as it was then known, beginning at least as early as the publication of Lujo Brenta-

9 See eg J Britton Purdy, D Singh Grewal, A Kapczynski, S Rahman, 'Building a Law-and-Political-Economy Framework: Beyond the Twentieth-Century Synthesis' (2020) 129 *Yale Law Journal* 1784-1835.

10 For a later statement of what a 'law and political economy' approach brings to the study of labour law see R Dukes and W Streeck, 'Labour Law and Political Economy': *https://lpeproject.org/blog/labour-law-and-political-economy/*.

11 Dukes, Labour Constitution, 221.

no's study of British trade unions in 1871.[12] Like Max Weber, Brentano was a Professor of Economics who also had a law degree and an enduring interest in the law. As an undergraduate student, Sinzheimer studied under Brentano and Brentano's thinking clearly had a lasting influence on the younger man.[13] Meanwhile, a number of Brentano's works were translated into English and referenced by Beatrice and Sidney Webb in their two great volumes on *The History of Trade Unions* (1897) and *Industrial Democracy* (1902). The Webbs were read, in turn, by Sinzheimer and other German scholars, and are cited several times by Sinzheimer in his 1907/08 volume, *Der korperative Arbeitsnormenvertrag.*[14] In the person of Kahn-Freund, intimate knowledge of Sinzheimer's scholarship and German labour law was imported to England in 1933. At the end of the Second World War, UK-German connections – military, political and scholarly – were important in shaping the introduction of codetermination or Mitbestimmung in the coal and steel industries.[15]

All that said, I have not found any evidence to support the hypothesis that Sinzheimer's scholarship had a direct influence on the terms of British labour law. The basic legal framework for collective bargaining and industrial action was established in the UK in three statutes adopted in 1871, 1875 and 1906. The merits of an extension effect for collective agreements – Allgemeinverbindlichkeit – were debated from the turn of the century, in terms of the Webb's discussion of what they called the 'common rule'. (It was Kahn-Freund's opinion that Sinzheimer developed his own concept of Allgemeinverbindlichkeit independently of the British debates.[16]) When Kahn-Freund analysed British labour law in his famous works of the 1950s, his understanding of the law followed the already commonly-held interpretation of the law, as published in British Ministry of Labour documents and industrial relations scholarship.[17]

Where Sinzheimer's work clearly *has* had a significant and enduring influence in the UK, is not so much upon the terms of the law, then, as on labour law *scholarship*. When Kahn-Freund arrived in the UK, labour law was not taught or studied in British university law departments.[18] Kahn-Freund was among

12 J Thompson, 'The reception of Lujo Brentano's thought in Britain, 1870-1910' (2007) *University of Bristol, Bristol Research Portal.*

13 O Kahn-Freund, 'Hugo Sinzheimer 1875-1945' in R Lewis and J Clark, *Labour Law and Politics in the Weimar Republic* (Blackwell 1981). p. 79-80.

14 (1907/08), reprinted 1977 (Berlin: Duncker & Humblot). I'm grateful to Robert Knegt for drawing my attention to these citations.

15 E Schmidt, *Die Verhinderte Neuordnung 1945-1952* (CEP Europäische Verlagsanstalt 2022).

16 In 'Hugo Sinzheimer', Lewis and Clark (eds), 85.

17 Dukes, 'Otto Kahn-Freund and Collective Laissez-Faire', 234-5.

18 Freedland, 307.

the first legal scholars in the UK to teach labour law and, importantly, the very first to insist upon the importance to labour law of a socio-legal method. Like Sinzheimer before him, Kahn-Freund combined practical problems of the application of the law with general insights into the economic and social structure of the employment relationship and into the general problems of the law. He used a sociological analysis of work relations and a socio-legal analysis of the contract of employment to construct a normative case for the accommodation of trade union organisation and collective bargaining within the liberal legal system and, more broadly, for state intervention to protect workers from unfairly low wages, ill treatment, unsafe and unhealthy working conditions etc – in short, for protective labour law. In both of these respects, Kahn-Freund's work was of lasting influence – and, indirectly, therefore, Sinzheimer's work. Today, of course, labour law is very commonly taught within university law departments and a sociolegal approach remains dominant among scholars in the field.

Democracy at Work

It is perhaps a sign of the times we live in that there has been considerable interest in recent years in questions of democracy at work, especially among political scientists and political philosophers.[19] By democracy at work, I mean, broadly, the involvement of workers in managerial decision-making and, through that involvement, the limitation of employers' power over their workforces. In Germany, for example, the philosopher Axel Honneth – better known for his work on Hegel and Habermas – devoted his 2021 series of *Walter Benjamin* lectures to an exploration of the vital links between democracy – political democracy – and the organisation of work relations.[20] While this writing is of great interest, it is striking for the absence of reference to the work of labour law and industrial relations scholars, including, of course, Hugo Sinzheimer. In some cases, one could almost come away with the impression that no single word had ever before been written about the topic of democracy at work before these twenty-first century authors happened upon it![21]

For me, this new writing provided an impetus to revisit Sinzheimer's work, together with the work of leading industrial relations scholars, political economists and sociologists, and to trace the evolution across the twentieth century of the idea of democracy at work; of industrial citizenship and industrial jus-

19 See eg E Anderson, *Private Government: How Employers Rule our Lives and Why We Don't Talk About It* (Princeton University Press, 2017).

20 A Honneth, *The Working Sovereign: Labour and Democratic Citizenship* (Polity 2024).

21 C Estlund, 'Rethinking Autocracy at Work' 131 Harv. L. Rev. 795 (2017-2018).

tice. The result was a short volume, written together with the sociologist Wolfgang Streeck, called *Democracy at Work: Contract, Status and Post-Industrial Justice*.[22] Here, we treat Sinzheimer's scholarship as a seminal attempt to theorise collective bargaining and the new labour laws of the Weimar Republic in terms, explicitly, of industrial, or economic, democracy – wirtschaftliche Demokratie. For Sinzheimer, industrial democracy was important for at least two key reasons: first, because it secured the emancipation of workers, of the working class, from their subordination to capital and, secondly, because it entailed the democratisation of the economic sphere, without which political democracy remained incomplete and out of reach. In our book, Streeck and I argue along just these lines for the broadening and strengthening, today, or workers' freedom of association. A reassertion of the democratic origins and democratic potential of labour law under capitalism would be central, we suggest, to the reconstruction of our political democracies.

Conclusion

While the influence of Sinzheimer's writings on labour law may not have extended, then, to shaping the terms of the legal framework in the UK, it did have – and continues to have – a significant impact on labour law scholarship. In the postwar decades, that impact was largely indirect, as Otto Kahn-Freund imported to Britain very particular ideas about the nature of labour law and how best to study it that he had learned, in large part, from Sinzheimer. Today, a new generation of scholars is looking to Sinzheimer's writing to reassert a conception of labour law that emphasises its political as well as its economic and social significance.

22 R Dukes and W Streeck, *Democracy at Work: Contract, Status and Post-Industrial Justice* (Polity 2023).

Podiumsbeitrag „Sinzheimer's Legacy in Latin America: The Argentine Case"

Prof. Dr. Leticia Vita, Universidad de Buenos Aires, CONICET, Argentina

Sinzheimer in Argentina: Ernst Katz

I would argue that Argentina represents a special case in the reception of Hugo Sinzheimer's work in Latin America. This singularity lies in the fact that one of his former students was exiled to Argentina – a circumstance that did not occur elsewhere in the region. Argentina, in particular, became one of the main destinations for German-Jewish exiles fleeing the Nazi regime, which helps explain the unique transmission of Sinzheimer's legacy there.

I am referring to the German-Jewish exile Ernst Katz. He was born near Frankfurt, in Seligenstadt, into a family where his father was affiliated with the USPD. Katz studied law in Frankfurt (before Sinzheimer's appointment as professor there) and appears to have attended his lectures, as he later referred to Sinzheimer as his mentor in his writings. He may also have participated in some of Sinzheimer's early lectures at the Akademie der Arbeit.

In Germany, Katz served as a *Gerichtsassessor* in Kassel and Hanau and later as a Magistratsrat in Peine (Hannover), where he eventually became president of special courts. In 1926, he began working as a lawyer in Berlin at the law office of Martin Beradt, who was also a well-known writer. Katz remained there until January 1938. Following the Nazi legislation introduced after 1933, however, he suffered persecution and increasing harassment in his professional practice. In February 1938, he was forced into exile, leaving from the port of Hamburg together with his wife, Ellen Brode.

In Argentina, Katz worked as a legal adviser to companies. Over time, he became connected with the circle of pioneering labor law scholars and began publishing in Spanish in Argentina's leading labor law journals. Katz quickly emerged as a significant figure in the development of labor law in Argentina, particularly during the 1950s and 1960s – an important period for the consolidation of the discipline in the country.

His first Argentine publication, in 1951, appeared in one of the most important labor law journals and focused on Hugo Sinzheimer. In that article, Katz introduced Sinzheimer to the Argentine public, discussing his life and work. He presented him as the spiritual father of German labor law and its most representative figure in Germany. Years later, Katz reflected on the purpose of that piece, explaining that it had been written as a tribute to Sinzheimer's memory and with the aim of "informing Argentine readers at the time about who in Germany had been the creators of labor law, and who its destroyers."[1]

Katz's contributions in Argentina also included notes on developments in German labor law and translations of key legislation. Among these was his translation of the German Collective Bargaining Agreement Act (Tarifvertragsgesetz – TVG) of 1949, as well as an article on the laws of codetermination and worker participation in German companies. He also published a review of the Metalworkers' Union Congress held in West Germany in 1962 under the slogan *"For Codetermination Towards Social Democracy."* To this day, Katz continues to be cited frequently in Argentine labor law literature—particularly in the field of collective labor law—and his work is still referenced in court rulings.

Another German-Jewish exile who was equally significant for the development of Argentine labor law was Ernst Krotoschin. Like Katz, he was forced into exile in Buenos Aires in 1937. Although he came from a different school of labor law – that of Professor Walter Kaskel in Berlin – Krotoschin, together with Katz, played a key role in making German labor law doctrine and ideas known in Argentina. In this way, German labor law became established in Argentina, where it continues to exert influence today, at least on the doctrinal and theoretical level.

Beyond the field of labor law, I have also found references to Sinzheimer in other branches of Argentine legal thought, such as constitutional law. More specifically, he was cited in the context of the 1949 constitutional reform during the Peronist era. In that context, Sinzheimer was invoked as the founding figure of labor law to support the incorporation of social rights into the constitutional framework. The jurist Arturo Sampay, who cited him, relied on a French translation of his work.

1 Katz, E. (1957b). *La estabilidad del empleo y otros estudios de derecho del trabajo.* Buenos Aires, Argentina: Depalma, p. XX.

Did Sinzheimer's Ideas Shape Argentine Labor Law?

Argentina stands out in Latin America for having one of the highest unionization rates in the region and for the particularly strong role played by trade unions. The foundations of this system were laid in the 1940s and are closely tied to the labor regulations introduced during the presidency of Juan Domingo Perón.

Although the legal system guarantees freedom of association, it operates under what is known as a single-union model. In practice, this means that each sector is represented by one official union, which is responsible for negotiating collective bargaining agreements. These agreements are then binding on all employers in that sector, regardless of whether individual workers are formally affiliated with the union. In sum, it is a vertical and centralized model, with a significant role played by the State, which regulates and recognizes unions. Workers' participation within companies is limited, with no form of codetermination. This distinctive model has deep historical roots and reflects the specific trajectory of the Argentine labor movement.

While it would be difficult to argue that Hugo Sinzheimer's ideas had a direct influence on the drafting of Argentine labor legislation, their presence can nonetheless be traced in both legal doctrine and academic discourse. One important channel for this reception was the work of Ernst Katz. It is worth considering how the ideas about Sinzheimer that Katz disseminated were received in the Argentine context. They likely found greater resonance among those who opposed the dominant union model of the time.

Another channel has been the circulation of translations of Sinzheimer's writings in Latin America. I would like to briefly highlight three key translations, each from a different period and context:

The Italian translation published in 1982 by Gaetano Vardaro, which has been cited occasionally in the region's labor law literature.

The Spanish translation of five of Sinzheimer's texts published in Madrid in 1984 by Felipe Vázquez Mateo. This edition proved particularly influential in the 1990s, a period marked by neoliberal labor reforms across Latin America.

The most recent translation, published by the University of Valparaíso in Chile, which includes five of Sinzheimer's works – four translated directly from the German, and one based on the Italian edition mentioned earlier. This project was co-led by Daniela Marzi Muñoz, now President of the Supreme Court of Chile.

This, I believe, is a telling indication of the growing interest in revisiting Sinzheimer's legacy – not only to preserve its historical value, but also to recover conceptual tools for the current context, one marked by the resurgence of the far right.

The Continuing Relevance of His Ideas Today

Sinzheimer's vision of labor rights – as a framework that sets limits on the arbitrary power of capital – remains profoundly relevant. Perhaps now more than ever, especially in Latin America.

The idea of labor law as a path to emancipation continues to resonate deeply, particularly at pivotal moments in the region's history – a history marked not only by repeated attacks on collective organization by authoritarian regimes, but also by democratic governments advancing the agenda of unrestrained capitalism. Just as the Italian and Spanish translations of Sinzheimer's work challenged and inspired us in the 1990s, today his words once again carry renewed urgency.

In my own country, workers' rights are under attack by the government of Javier Milei. The very concept of social justice – of social rights – is under attack. Trade unions are under attack. And, of course, labor rights themselves, along with those who teach and defend them. Because of this, democracy itself is also under threat.

Perhaps that is why Sinzheimer's ideas matter now more than ever – because Sinzheimer, beyond labor rights, was able to envision a form of economic and social democracy. In a country, and in a region, where extractive industries and financial capital have captured the state, it is essential to return to ideas that enable us to imagine a different organization of work and a different distribution of economic power.

And that, precisely, is what those in power fear most: the prospect of an economic democracy that gives workers a voice in economic decisions and affirms the centrality of the collective. That is why, I would argue, Sinzheimer's ideas are deeply relevant to Latin America today.

Podiumsbeitrag „Einflüsse von Sinzheimer auf das japanische Arbeitsrecht"

Prof. Dr. Kenji Takahashi, Universität Rissho, Tokio

In Japan wurde Hugo Sinzheimers Lehrbuch, „Grundzüge des Arbeitsrechts", in der zweiten Auflage, übersetzt. Ich habe es früher gelesen und zitiere immer noch von Zeit zu Zeit daraus.

In Japan wird Sinzheimer, zusammen mit Hans Carl Nipperdey und Walter Kaskel, seit der Vorkriegszeit gelesen und seine Arbeitsrechtstheorie eingeführt.

Arbeitsrechtler wie Inajiro Numata und Noboru Kataoka wurden von Sinzheimer beeinflusst. Sie folgten Sinzheimers Theorie der Abhängigkeit, in der der Arbeiter zum Arbeitgeber steht. Dies ist der Ausgangspunkt für das Arbeitsrecht.

Ein weiteres Beispiel für den Einfluss von Sinzheimer auf das japanische Arbeitsrecht ist die Anerkennung der Unabdingbarkeit von Tarifverträgen, in Japan wie in Deutschland. Während Lotmar die Unabdingbarkeit bejahte, erkannte Sinzheimer nur die schuldrechtliche Wirkung an. Auch in Japan wurde darüber diskutiert, ob man dies anerkennen sollte. Schließlich wurde die Unabdingbarkeit durch das japanische Gewerkschaftsrecht normiert, ebenso wie in der deutschen Tarifvertragsordnung 1918. Unabdingbarkeit bedeutet die unmittelbare und zwingende Wirkung von Tarifnormen: Sie garantieren so einen Mindestschutz.

Insofern war Sinzheimers Einfluss auf das kollektive Arbeitsrecht nicht nur in Deutschland, sondern auch in Japan erheblich. Sinzheimer entwarf zudem das Betriebsrätesystem. Er wollte nicht nur den Staat, sondern auch die Wirtschaft demokratisieren. Seine Konzepte halfen bei der Demokratisierung der Betriebe in Deutschland.

Manche deutschen Arbeitsrechtler wollen die Mitbestimmung in den Betrieben und den Unternehmen nicht mehr. Dies begründen sie damit, dass Mitbestimmung teuer sei und nicht in eine globalisierte Wirtschaft passe.

Japanische Arbeitsrechtler, die das deutsche Recht gut kennen, sind der Meinung, dass nicht nur die Tarifautonomie, sondern auch die Betriebsverfassung wichtig ist. In Japan werden Arbeitnehmer auf der Unternehmensebene von der Gewerkschaft organisiert, vor allem in großen Unternehmen. Eine betriebliche Mitbestimmung ist nicht vorhanden. Soweit ich die japanischen Arbeitsbeziehungen sehe, sind Arbeitnehmer in kleinen Unternehmen schutzlos. Dort gibt es weder ein Mitbestimmungssystem noch Gewerkschaften. Insofern ist die Mitbestimmung in den Betrieben, die Demokratisierung der Betriebe äußerst wichtig. Das wäre der Nachlass von Sinzheimer.

Ich möchte als Beispiel den Fall von Crowdworkern in Japan anführen.

Dazu zunächst ein Zitat von Hugo Sinzheimer:

> *„Ein Arbeitnehmer ist jemand, der auf abhängige Arbeit angewiesen ist."*

Die Lieferanten von Uber Eats gründeten eine Gewerkschaft, und die Gewerkschaft versuchte, mit Uber Eats über die Löhne zu verhandeln. Uber Eats weigerte sich jedoch, dies zu tun. Die Weigerung, Tarifverhandlungen zu führen, ist ein Verstoß gegen das Vereinigungsrecht. Und in Japan, wie auch im US-Recht, ist dies eine unfaire Arbeitspraxis und illegal. Daraufhin stellte sich die Frage, ob es sich bei den Crowdworkern um Arbeitnehmer handelt oder nicht. Die Tokioter Arbeitskommission befand, dass die Crowdworker Arbeitnehmer sind. Ob der Arbeiter abhängig ist, ist die wichtige Frage, die Sinzheimer stellte.

Informationen zum Sinzheimer-Nachlass

Der von der IG Metall erworbene und dem Archiv der sozialen Demokratie der Friedrich-Ebert-Stiftung in Bonn überlassene Sinzheimer-Nachlass wurde weitgehend digitalisiert.

Über folgenden Link kann der Bestand durchsucht und besichtigt werden:

https://collections.fes.de/1565636

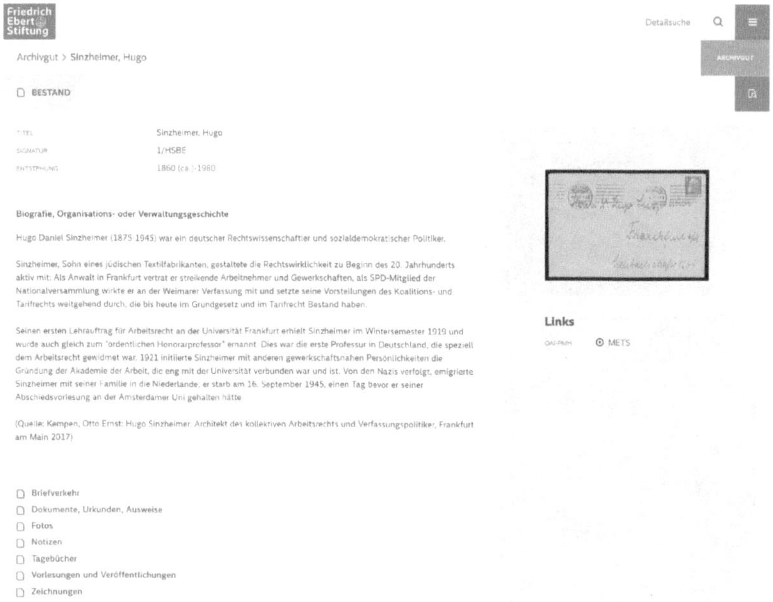

(Quelle: Dr. Anja Kruke, Nils Heun Friedrich-Ebert-Stiftung)

Ausgewählte Bilder der Veranstaltung

HSI
HSI

In der Schriftenreihe des Hugo Sinzheimer Instituts für Arbeits- und Sozialrecht sind zuletzt erschienen:

Band 59 Daniel Klocke
Tarifvorrang und Tarifvorbehalt
ISBN 978-3-7663-7609-1

Band 58 Wolfram Cremer
Soziale Kriterien und EU-Beihilferecht – Zugleich zur sozialen Dimension der EU-Verträge
ISBN 978-3-7663-7607-7

Band 57 Olaf Deinert/Andreas Hofmann/Esra Özen/Philipp Thiel
Die soziale Dimension des Unionsrechts in der Rechtsprechung des EuGH
ISBN 978-3-7663-7589-6

Band 56 Reingard Zimmer
Die Umsetzung und Weiterentwicklung des LkSG
ISBN 978-3-7663-7582-7

Band 55 Judith Brockmann/Felix Welti (Hrsg.)
Sozialrecht und Tarifbindung
ISBN 978-3-7663-7581-0

Band 54 Anneliese Kärcher/Manfred Walser
Durchsetzung von Arbeitsrecht – das Arbeitsschutzkontrollgesetz als Modell?
ISBN 978-3-7663-7579-7

Band 53 Olaf Deinert
Die konditionierte Allgemeinverbindlicherklärung
ISBN 978-3-7663-7399-1

Band 52 HSI
Gewerkschaftsrechte heute
ISBN 978-3-7663-7368-7

Band 51 Uwe Fuhrmann
Frauen in der Geschichte der Mitbestimmung – Pionierinnen in Betriebsräten, Gewerkschaft und Politik
ISBN 978-3-7663-7344-1

Band 50 Wolfram Cremer/Olaf Deinert
Fremdpersonalverbot in der Fleischwirtschaft auf dem Prüfstand des Verfassungsrechts
ISBN 978-3-7663-7367-0

Weitere Informationen zur Schriftenreihe:
www.hugo-sinzheimer-institut.de